西南大学农林经济管理一流培育学科建设系列丛书（第一辑）

西南生态脆弱区土地禀赋结构与农户经济行为研究

Study on Land Endowment Structure and Economic Behavior of Peasant Households in Ecologically Vulnerable Region of Southwest China

苗建青　著

资助项目：西南大学应用经济学学科建设经费；岩溶环境重庆市重点实验室；国土资源部/广西岩溶动力学重点实验室开放基金资助课题（KDL201704）。

科学出版社

北　京

内 容 简 介

本书从土地禀赋、外部环境和农户禀赋三个维度分析西南典型生态脆弱区的石漠化地区的农户采用生态农业技术的经济行为。其中,土地禀赋是本书构建的一个高度文理综合的生态脆弱性度量指标,并将农户经济行为划分为采用意愿、采用决定、采用程度、采用方式、采用收益五个阶段的行为过程。通过分析土地禀赋、外部环境和农户禀赋等因素对生态脆弱区的农户经济行为全部过程的影响规律,提出一系列生态治理的政策改进建议。

本书可供经济学、地理学、岩溶环境学,以及农业技术推广和生态治理等相关领域的学者和管理人员参考。

图书在版编目(CIP)数据

西南生态脆弱区土地禀赋结构与农户经济行为研究/苗建青著. —北京:科学出版社,2022.5

西南大学农林经济管理一流培育学科建设系列丛书(第一辑)
ISBN 978-7-03-060177-3

Ⅰ. ①西… Ⅱ. ①苗… Ⅲ. ①土地制度-关系-农户-经济行为-研究-西南地区 Ⅳ. ①F321.1 ②F325.15

中国版本图书馆 CIP 数据核字(2018)第 291083 号

责任编辑:王丹妮 / 责任校对:贾娜娜
责任印制:张 伟 / 封面设计:无极书装

科学出版社 出版
北京东黄城根北街 16 号
邮政编码:100717
http://www.sciencep.com

北京虎彩文化传播有限公司 印刷
科学出版社发行 各地新华书店经销

*

2022 年 5 月第 一 版 开本:720×1000 1/16
2022 年 5 月第一次印刷 印张:10
字数:201 000

定价:106.00 元
(如有印装质量问题,我社负责调换)

前　言

（一）

西南岩溶石漠化地区已与西北沙漠化地区和黄土高原并列为我国的三大西部生态脆弱区。我国西南地区是广阔而湿润的岩溶石漠化地区，坡耕地的主要农作物是玉米和红薯，在种植与收获时都需大量翻土，极易激发表层土壤的流失而导致基岩大面积裸露，最终引发石漠化。若使农民主动放弃这种不合理的传统种植结构而在坡耕地采用生态农业技术，既能使农民增收又能减缓石漠化，不失为两全其美之策。

本书选定的生态农业技术品种为重庆市巫山县生态农业技术示范基地所培育的金银花，并以该示范基地周边的农户为研究对象。生态农业技术是由国家投入并由研究机构开发的以生态恢复和重建为目的的适宜植物及相应的耕作技术总和。国家和地方为防治石漠化已在许多地区建立了大量的生态农业技术示范基地，目的是引导农户改变传统种植结构而采用生态农业技术，使这些生态脆弱区实现生态效益、经济效益和社会效益的高度统一，但是实际效果并不理想。以往的生态治理大多都采取政府投资生态工程的方式，而市场和社会的参与程度偏低，这造成很多工程项目效率不高，而且受政府财力所限也降低了治理速度。

农户作为生态治理的主体，其参与生态环境治理的影响因素和激励机制在理论上还不是很清晰。本书旨在改变以往政府单一主导的生态环境治理模式，探索政策激励式的农户自发治理新模式，为政府减轻财政负担并提高治理效率提供有益的参考。另外，这也可能为其他类型的生态脆弱区的农户参与式治理的研究提供有益的借鉴。

（二）

前人研究多是将农户尺度的土地禀赋假定是均一的，区别只是在土地规模上，实际上生态脆弱区的土地禀赋是多变的，尤其是在农户微观尺度上的土地禀赋更是差异明显，其对农户的农业技术选择行为的影响差异也很大，所以土地禀赋结构均一的假定是不能成立的。本书在土地利用等理论的基础上构建土地禀赋结构的测量体系用以度量土地禀赋的差异，为生态治理的激励政策制定提供一个与以往截然不同的新视角。

土地禀赋是指土地具有的天然特性以及所处的自然环境和经济社会环境的总和，包括自然禀赋和人文禀赋两部分，是一个集经济学和地理学为一体的综合概念。本书应用土地利用结构分析法将研究区土地禀赋结构划分为坡耕地-平坝田组成的二元地貌结构、分散细碎地块组成的细碎空间结构以及石漠化程度不同地块组成的斑状质量结构。特别是在农户微观尺度上，土地禀赋的结构对于农户采用生态农业技术行为而言是不可轻易更改的外部约束条件，其实质是通过影响生产要素的流动进而影响农户经济行为，因此生态重建的宏观政策必须考虑农户微观尺度的基础。

（三）

农户经济行为是农民个体及其家庭在特定的社会环境和自然条件下，为了满足自身物质需求或精神需求，并为了达到一定目的而表现出来的一系列经济活动的总称。本书将农户经济行为划分为生态农业新技术的采用意愿、采用决定、采用程度、采用方式、采用收益一系列的决策行为过程。

石漠化是典型的自然因素与人文因素高度相互作用的生态环境问题，长期以来生态脆弱区的治理多是以各种自然科学理论的指导为主，非人文化倾向明显，缺乏跨学科的综合性研究，这也是多年来许多生态治理效果不理想的重要原因。大部分文献中有关石漠化的研究中的自然数据与经济数据是相互割裂的，本书高度融合人文社会学科与自然科学相关的理论和方法，依托国家生态农业技术示范区及其周边地区，通过自然样品与人文样本捆绑式采集的方法获取数据。土地禀赋是采用实地调研取得数据，农户经济行为是通过问卷调查获取数据。首先，从土地利用结构的视角在宏观尺度上对研究区内的土地禀赋进行结构区划并对比分析不同结构的土地禀赋成因；其次，在农户微观尺度上系统地计量分析土地禀赋、外部环境和农户禀赋要素对农户经济行为全过程的影响；最后，在研究的基础上提出改进生态农业技术推广政策的建议。

（四）

通过分析土地禀赋、外部环境和农户禀赋要素对农户经济行为全部过程的影响规律，提出一系列生态治理的政策改进建议。

第一，二元地貌结构关系到生态农业政策的效率问题，给我们的启示是在制定生态农业推广政策时要切切实实做到因地制宜。第二，细碎空间结构关系到生态农业的组织化推进，即生态农业的组织化推进要顺势而为，不能过于理想化，必须考虑到农户耕地的细碎空间结构的特点，而且生态农业技术的推广需要走产业化经营的道路。第三，斑状质量结构关系到生态农业政策的边界，表明生态农业政策不是万能的，政策效果受到斑状质量结构的强力制约。第四，外部环境与农户经济行为的关系表明政府在生态治理中的责任重大，政策供给是否充足及是否科学直接关系到生态治理的成败。第五，农户禀赋的质量越高，农户经济行为越有利于生态治理，因此只有吸引到禀赋质量高的农户投入生态治理中才能实现可持续性的生态治理。

（五）

我国经过多年强力的精准扶贫，贫困人口已经脱贫，但是各地不同的贫困标准定得普遍并不高，大部分脱贫人口只是解决基本的生活问题，还不算富裕。特别是广大生态脆弱区由于农业发展的条件限制，当地农民不仅致富道路艰难，还很容易从贫困线上滑落，重新坠入贫困。究其原因是生态脆弱与贫困互为因果，其相互作用机制十分复杂。因此要进一步发展致富必须使生态环境建设与农业结构调整结合起来。本书期望为突破西南生态脆弱区特有的生态环境退化和返贫陷阱的双重困境，实现生态宜居和生活富裕的目标提供新思路和新方法，并在探索生态农业技术在生态脆弱区的传播规律的基础上，为探索一条适宜西南生态脆弱区的发展致富道路提供理论借鉴。

历史上西南广大岩溶地区孕育发达的农耕文明，人与自然达到一种非常和谐的平衡，但也处于相对封闭落后的状态。继传统的农耕文明和现代的工商文明之后，人们开始关注生态文明。生态文明是人类遵循人与自然和谐发展规律，推进社会、经济和文化发展所取得的物质与精神成果的总和，是以人与自然、人与人和谐共生、全面发展、持续繁荣为基本宗旨的文化伦理形态。位于我国长江中上游的西南生态脆弱区，基于"共抓大保护、不搞大开发"为核心理念的长江经济带发展战略，同时在事实上难以实现大量生态移民而生态补偿又很不充分的情况下，如何既保护生态环境又保证他们的致富能力则是考验生态文明的现实难题。生态文明最薄弱的正是基础理论，本书分别从宏观和微观视角出发研究土地禀赋对农户采用生态农业技术行为的影响，期望为生态文明理论的发展提供实证依据。

（六）

最后在书稿付梓之际，要特别诚挚地感谢在整个研究过程中给予我指导、支持和帮助的诸多师长、朋友、研究生、家人，以及学院、匿名审稿人和出版社编辑。没有他们的无私奉献，本书稿的完成是不可想象的。在此一并致以无尽的谢意和深深的敬意！书中不足之处在所难免，敬请读者指正。

苗建青

2021 年 1 月

目 录

第1章　绪论……………………………………………………………………1
　　1.1　中国西南生态脆弱区………………………………………………1
　　1.2　石漠化的成因与治理………………………………………………5
　　1.3　生态农业技术及其推广……………………………………………10
　　1.4　相关农户行为理论…………………………………………………15
　　1.5　本书重要概念………………………………………………………21
　　1.6　本书结构……………………………………………………………22

第2章　研究区选取与研究框架……………………………………………24
　　2.1　研究区选择与概况…………………………………………………24
　　2.2　研究区数据获取……………………………………………………27
　　2.3　研究方法与框架……………………………………………………29

第3章　土地禀赋结构与区划………………………………………………33
　　3.1　土地禀赋原理………………………………………………………33
　　3.2　土地禀赋结构宏观区划……………………………………………36
　　3.3　宏观土地禀赋结构与农户经济行为………………………………49

第4章　农户经济行为影响因素……………………………………………50
　　4.1　土地禀赋结构的微观特征与农户经济行为………………………50
　　4.2　外部环境与农户经济行为…………………………………………59
　　4.3　农户禀赋与农户经济行为…………………………………………63
　　4.4　农户经济行为阶段划分与分析框架………………………………66

第5章　农户采用生态农业技术意愿的影响分析…………………………69
　　5.1　采用意愿及其影响因素……………………………………………69
　　5.2　分析框架和研究假说………………………………………………70

5.3 数据说明、模型选择及假说检验·· 74
5.4 本章小结·· 80

第6章 农户采用生态农业技术决策的影响分析·· 82
6.1 采用决策及采用阶段·· 82
6.2 分析框架和研究假说·· 83
6.3 数据说明、模型选择及假说检验·· 87
6.4 本章小结·· 96

第7章 农户选择生态农业经济组织形式的影响分析···································· 98
7.1 农业经济组织形式选择··· 98
7.2 分析框架和研究假说··· 101
7.3 数据说明、模型选择及假说检验··· 105
7.4 本章小结··· 111

第8章 农户采用生态农业技术收益的影响分析·· 113
8.1 生态农业技术收益分析·· 113
8.2 分析框架和研究假说··· 114
8.3 数据说明、模型选择及假说检验··· 118
8.4 本章小结··· 125

第9章 研究结论、政策建议与研究展望··· 127
9.1 研究结论··· 127
9.2 政策建议··· 133
9.3 研究展望··· 135

参考文献·· 137

附录1：问卷调查表··· 147

附录2：重庆市巫山县石漠化与福田镇金银花生态示范基地图片·················· 150

第 1 章 绪 论

中国的生态脆弱区（ecologically vulnerable region）分布广、类型多、面积大，在世界上也表现突出。其中，西南地区的石漠化（Karst rock desertification）已逐渐发展成为继西北沙漠化和黄土高原水土流失之后的第三大生态灾害，并与生态脆弱区的经济欠发展问题紧密相关。石漠化的形成是自然因素与人文因素共同作用的结果，对其治理和研究也必须使自然科学与人文科学高度融合。在石漠化地区推广兼具生态效益和经济效益的生态农业技术（ecological agricultural technology）是可持续生态治理和发展致富的重要途径，而农户（peasant household）既是生态治理的主要力量也是发展致富的主要对象，为此必须深入剖析影响农户经济行为（economic behavior of peasant household）的各种自然和人文因素。

1.1 中国西南生态脆弱区

1.1.1 生态脆弱区与石漠化

据黄成敏等（2003）的总结，生态脆弱区是指在人为或自然因素的多重胁迫下，生态环境系统或体系抵御干扰的能力较低，恢复能力不强，且在现有的经济和技术条件下逆向演化趋势不能得到有效控制的连续区域。本书认为生态脆弱区是一种脆弱的生态系统区域，是指在人类活动和自然条件变化的复合影响下，生态系统的组成结构稳定性变差、生态功能减退、抗外界干扰能力减弱，且易进一步发生生态退化并难以自我修复的连续区域。西南广大岩溶地区极易发生石漠化，属于典型的生态脆弱区。

中国是世界上生态脆弱区分布面积最大、生态脆弱类型最多、生态脆弱性表现最明显的国家之一。关于生态脆弱区的划分不同学者有不同的方法。刘军会等（2015）较为系统地提出中国生态脆弱区的划分，他们主要是利用遥感影像（remote sensing，RS）和地理信息系统（geographic information system，GIS）等技术手段建立一个评价指标体系和评价模型，综合定量评价全国生态环境敏感性的空间分布特征，再结合政府文件和已有的研究成果，在全国尺度上划定 18 个重点生态脆弱区，总面积 240.1 万平方千米，占陆域总面积的 25.0%。这些生态脆弱区由北向南分别如下：①古尔班通古特沙漠边缘；②塔克拉玛干沙漠边缘；③黑河流域中下游；④腾格里与乌兰布和沙漠边缘；⑤毛乌素沙地；⑥阴山北麓-浑善达克沙地；⑦科尔沁沙地；⑧呼伦贝尔沙地；⑨横断山；⑩黄土高原丘陵沟壑区；⑪三峡库区；⑫大别山；⑬罗霄山；⑭黄山；⑮仙霞岭-武夷山；⑯天山；⑰西南喀斯特地区；⑱羌塘高原西部。本书的研究区属于其中排序第 17 的西南喀斯特地区。

2008 年《全国生态脆弱区保护规划纲要》提出，"生态脆弱区也称生态交错区（Ecotone），是指两种不同类型生态系统交界过渡区域。这些交界过渡区域生态环境条件与两个不同生态系统核心区域有明显的区别，是生态环境变化明显的区域，已成为生态保护的重要领域"。该纲要将全国生态脆弱区划分为由北向南的八大类型：①东北林草交错生态脆弱区；②北方农牧交错生态脆弱区；③西北荒漠绿洲交接生态脆弱区；④南方红壤丘陵山地生态脆弱区；⑤西南岩溶山地石漠化生态脆弱区；⑥西南山地农牧交错生态脆弱区；⑦青藏高原复合侵蚀生态脆弱区；⑧沿海水陆交接带生态脆弱区。本书的研究区属于其中排序第 5 的西南岩溶山地石漠化生态脆弱区。

著名现代岩溶学家袁道先院士早在 1983 年于美国科学促进会第 149 届年会一个专门讨论岩溶环境的分会上首次提出岩溶地区同沙漠边缘一样属于生态脆弱环境（Yuan，1983），并于 1991 年正式提出了岩溶石漠化的定义：石漠化是我国西南岩溶山区不合理的人类活动造成的植被破坏、土壤严重流失、基岩大面积裸露、土地退化的极端表现形式（Yuan et al.，1991），这个定义已被国际学术界广泛接受。在此基础上，2008 年 3 月国家发展和改革委员会在《西南岩溶地区石漠化综合治理规划大纲（初稿）》中综合最新研究成果对石漠化进行了科学而完整的定义：石漠化是指在热带、亚热带湿润、半湿润气候条件和岩溶极其发育的自然背景下，受人为活动干扰，使地表植被遭受破坏，造成土壤严重侵蚀，基岩大面积裸露，土地退化的极端表现形式[①]。

岩溶俗称喀斯特，岩溶石漠化又名"石山化"，我国西南岩溶地区广泛发育岩溶石漠化（本书统一简称石漠化）。西南地区石漠化面积覆盖了 5 个省区市（贵州、云南、广西、重庆、四川）的国土面积三分之一以上，属于典型的生态脆弱区。

---

① 2008 年 3 月 24 日，国家发展和改革委员会联合六部委发布《关于印发岩溶地区石漠化综合治理规划大纲的通知》（发改农经〔2008〕749 号），以附件形式颁发由中国国际工程咨询公司于 2007 年 7 月编制的《岩溶地区石漠化综合治理规划大纲（2006—2015 年）》，石漠化定义出自该大纲第 5 页。由于该定义全面综合学术界最新成果，因而得到普遍承认。

西南石漠化作为岩溶地区土壤侵蚀的终极状态,已逐渐演变成继北方沙漠化和黄土高原水土流失之后的我国第三大生态灾害(Yuan et al., 1991)。石漠化不但使良田成为不毛之地,而且流失的土壤会对下游水利设施产生危害,进而威胁人类的生存环境,最终严重制约岩溶地区经济社会的可持续发展,因此石漠化的治理也是我国推进生态文明建设的重点和难点问题。

我国广大西南地区降水充沛,碳酸盐不溶物含量低,成土速率慢,土壤允许流失量小,植被破坏严重,石漠化显著。石漠化状况虽然经多年治理已经普遍改善,但是防治形势仍很严峻。据国土部门监测,在1999年以前石漠化面积平均每年增加1 856平方千米,年均增长率1.86%,截至2007年增长率已达到年均2%左右[①];截至2005年底,石漠化土地总面积已达 1.3×10^5 平方千米,占国土面积的12.1%,占岩溶土地面积的28.7%(国家林业局,2006);据石漠化公报(国家林业局,2018),截至2016年底,岩溶地区石漠化土地总面积为1 007万公顷,占岩溶面积的22.3%,占区域总面积的9.4%。连续3次监测结果显示,石漠化扩展趋势整体得到有效遏制。2016年,岩溶地区石漠化发生率为22.3%,较2011年下降4.2个百分点,较2005年下降6.4个百分点,石漠化发生率持续下降,但是与2011年相比,潜在石漠化土地面积增加135.1万公顷,增加10.1%,年均增加27万公顷,而且93.7%的坡度大于5度的坡耕旱地有继续恶化的风险。此外,岩溶地区还有450.8万公顷尚未石漠化的坡耕旱地,其中坡度在15度以上的有140.2万公顷,极容易因水土流失而产生新的石漠化。石漠化地区生态系统脆弱,恢复周期较长,一些立地条件较好的石漠化土地已逐步得到治理,而剩余的石漠化土地治理难度加大,再加上自然灾害发生具有不确定性,因而治理成本也越来越高。截至2017年,石漠化地区多是"老、少、边、山、穷"地区,经济发展严重滞后,人均地区生产总值仅为全国的71%,贫困人口占全国的三分之一,是我国贫困人口集中分布地区。同时,区域人口密度达207人/千米^2,是全国平均人口密度的1.5倍,是岩溶地区理论最大可承载人口密度(100人/千米^2)的两倍多。这些地区的群众增收途径有限,主要还是传统耕作方式,对土地依赖性较强,土地承载压力大,人地矛盾突出。由此可见,石漠化不是一个纯自然过程,而是一个自然与社会经济紧密相关,以人为活动为主导因素而引起的环境恶化与土地退化的过程。

生态环境的退化问题已引起各国学者的广泛关注,退化生态环境的恢复和重建也成为当前生态学研究的热点之一。我国西南岩溶地区与欧洲地中海沿岸、北美东部岩溶地区并称为全球三大岩溶连续带,但是在气候条件与我国相似的许多岩溶地区并没有发生大规模石漠化。我国西南岩溶地区则曾经长期面临生态环境退化和人口贫困的双重困境,对其研究既是我国特色的岩溶环境学研究热点,同

---

① 《岩溶地区石漠化综合治理规划大纲(2006—2015年)》,第6页。

时也成为当代可持续发展经济学研究的前沿。因此，石漠化生态脆弱区研究的理论新发展将有可能在我国得到新的启示（Ford and Williams，1989），同时，研究成果也可为其他类型的生态脆弱区治理提供有益的借鉴。

1.1.2 生态脆弱性与土地禀赋

生态脆弱区与普通农耕区相比有明显的不同，首先，在生态学上有明显不同的特点，如抵抗人类扰动能力差、土地人口承载力弱、生物链级别低、自然条件恶劣，以及受损生态环境恢复难等。其次，作为典型生态脆弱区的岩溶地区的坡耕地还有许多特有的生态学特点，如地表坡度过大造成耕作成本加大引起的生产投入不足、易发生水土流失、更具生态脆弱性、土壤厚度薄且贫瘠、生产力更低，以及石漠化土壤不易蓄水更适合种植旱生作物等。最后，在经济学上也有显著的特点，如生产函数水平低（要素的产出弹性小）、边际效益递减速率快、自然资本存量流失速率大等。

沙漠化、黄土高原及石漠化各自的生态脆弱性是截然不同类型的生态脆弱区，在宏观尺度的研究上允许同一类型的生态脆弱区内部是同质的假定，但是在微观尺度上同一类型的生态脆弱区在空间上是变化极大的，因此不能忽视生态脆弱区微观尺度的空间异质性。在石漠化地区前人研究普遍没有充分重视石漠化地区的土地空间异质性对农户经济行为的影响，绝大部分的研究都假定每个农户所拥有的土地都是同质的，农户之间土地禀赋的差异只是在土地规模上，这在普通农业地区也许是可行的，但是在空间变化巨大而复杂的生态脆弱区则缺陷很大。本书以土地禀赋来度量生态脆弱性，以求研究成果有一个新的突破。土地禀赋是指土地具有的天然特性以及所处的自然环境和经济社会环境的总和，可以分为自然禀赋和人文禀赋两部分：自然禀赋是包括地貌类型、空间位置和土壤肥力等自然环境要素的组合；人文禀赋是包括土地制度、产权和地租等经济社会环境要素的组合。本书进一步从土地利用结构的视角将研究区的土地禀赋结构（land endowment structure）划分为坡耕地-平坝田组成的二元地貌结构、分散细碎地块组成的细碎空间结构及石漠化不同程度的地块组成的斑状质量结构。

西南岩溶石漠化地区是典型的生态脆弱区，在这些地区推广生态农业技术是实现生态恢复和重建的主要途径，也是实现当地可持续经济社会发展的有效途径。在生态脆弱区推广生态农业技术的研究非常丰富，但是普遍都是把生态脆弱性作为一个外部环境对待，也就是把生态脆弱性作为一种约束条件，来研究生态农业技术的推广问题。本书探索性地引入土地禀赋结构的概念，拟在区域宏观尺度和农户承包地的微观尺度上研究其对农户采用生态农业技术的经济行为全部过程的影响规律。

1.2 石漠化的成因与治理

石漠化是多种因素共同作用的结果，如地质因素、地理因素、人为因素等。石漠化的形成因素可分为"自然因素"和"人文因素"两大部分，有研究认为自然因素占26%，人文因素占74%（国家林业局，2006），而且两者错综交替，纷繁复杂，现分别综述如下。

1.2.1 石漠化形成的自然因素

岩溶的基本成分是碳酸盐岩，主要由石灰岩（碳酸钙）和白云岩（碳酸钙镁）两类矿物组成。石漠化是指在碳酸盐岩极其发育的自然背景下发生的水土流失造成的生态退化。由此可见，发育的碳酸盐岩是形成石漠化的基础条件，但是不同的地质地理条件显然对石漠化的控制作用不同。中国西南地区岩溶的特点是古老而坚硬、孔隙度小不宜保水，雨热同期的季风气候，加之新生代强烈抬升的地形极易导致水土流失（Yuan et al.，1991）。

第一，石漠化几乎都发生在碳酸盐岩广泛出露的地区。石灰岩溶蚀残留物仅为4%左右，成土过程非常缓慢，风化土壤成土速率为0.31~2.47厘米/万年，仅为非岩溶区的1/10~1/20（杨明德，1990；洪业汤，2000），这正是石漠化地区的土壤薄而贫瘠的根本原因。同时，石灰岩孔隙度小不宜保水，在雨热同期的季风气候作用下，在新生代强烈抬升的山体表面，土壤若被人类活动扰动，极易发生水土流失形成石漠化（Yuan et al.，1991）。

第二，石漠化发育程度受碳酸盐岩的岩性控制明显，其顺序为由泥质白云岩、纯白云岩、泥灰岩到纯灰岩，石漠化程度逐渐变大（王德炉等，2005）。其原因为由泥质白云岩到纯灰岩抗风化能力渐强，且岩石中酸不溶物含量渐低，使得成土速率趋于变慢，风化土层趋于浅薄，因而更易发生石漠化。另外，土壤与碳酸盐岩石界面一般缺乏C过渡层，易使土壤顺层滑动流失，因此顺坡耕作更会加速水土流失（苏维词和朱文孝，2000）。特别是灰岩表面缺乏C过渡层，而白云岩有一层白云石砂C过渡层，且白云岩透水性也好，因此白云岩较灰岩有利于水土保持。如果碳酸盐岩在空间上连续分布则更易发生石漠化，基底如果是连续性石灰岩分布，则高强度石漠化最为普遍（多为坡耕地），若基底为灰岩与白云岩互层则石漠化相对较轻，若基底为灰岩与碎屑岩互层的土地（多为林地）则石漠化程度最小（李阳兵等，2006a）。

第三，山体坡度对石漠化的影响很大。石漠化发生率基本上随坡度的增大而增大，坡度越陡石漠化越强、石漠化面积比例也越大。18°~25°是一个临界范围，在这个范围之内石漠化发生率较低，而大于这个范围石漠化发生率明显增大（李瑞玲等，2006），也有研究认为这个临界坡度为 15°~25°（吴秀芹等，2005）。有研究认为潜在和轻度的石漠化受坡度影响较大，而重度石漠化受坡度影响不明显，总体而言，石漠化程度随坡度增大而加重，但大于 27°以后趋势减缓（周梦维等，2007）。研究表明，耕地坡度每增加 1°，石漠化率提高 0.7%（苗建青等，2012）。原因是山多坡陡的地表结构不利于水土资源的保存。不同等级的石漠化特别是高强度石漠化既可出现在坡度较大的区域也可出现在缓坡地带（王世杰和李阳兵，2005），这主要受人类活动强度影响，如 6°~25°的缓坡地带易于耕种导致人类活动频繁，所以石漠化最为严重（罗林，2006）。

第四，碳酸盐岩的结构和构造影响石漠化发育程度。结晶结构和骨架结构的碳酸盐岩较其他结构的碳酸盐岩易于石漠化，以及孔隙度高、层间透水构造发育的碳酸盐岩也易于石漠化。碳酸盐岩构造、解理、裂隙越密集、规模越大，越促进溶蚀作用的发生，石漠化程度则越轻（李森等，2007）。研究表明，耕地基底岩石的破碎度每增加 1%，石漠化率降低 0.9%（苗建青等，2012）。

第五，轻度石漠化土地利用方式为以坡耕地和灌丛为主、中度石漠化以草地为主、重度以上石漠化以疏草地为主。不同等级的石漠化中几乎各种土地利用类型（坡耕地、草地、灌丛地等）都有，石漠化与土地利用类型的关系值得探讨。有人采用将标准试片置于地下一定时间后测定溶蚀量的方法，发现土地利用方式不同，石灰岩溶蚀量亦不同，从大到小依次为园地、林地、耕地、休耕地、灌丛。原因是不同的土地利用方式对土壤的有机质含量和孔隙度的影响程度不同，进而导致石漠化的进程亦不相同（章程等，2006）。

第六，石漠化土壤中富含钙、镁、硅、铝、锰、铁等亲钙元素，但是缺乏植物中所需的氮、磷、钾、钠、碘、硼、氟（苏维词和朱文孝，2000；李森等，2007）。随着石漠化程度加大，土壤中有机质、氮、磷、钾趋于下降（李生等，2008；李瑞玲等，2002）。研究表明农户经济行为是土壤质量状况及其变化的直接因素，由于不同类型农户的土地利用方式的差异，以及不同类型土地利用的肥料投入、水资源利用和秸秆处理方式等的不同，故不同类型土地利用方式对土壤全氮含量、速效钾含量、土壤有机质含量和环境产生不同的影响。

以上文献表明，一系列的地质、地理因素对石漠化的发生、分布和发育程度及石漠化土壤的营养元素的流失都有很大的控制作用，同时也可以看出人类活动方式对石漠化产生的重要影响。这说明在现有的自然环境不可改变的条件下，规范人类的活动方式是防治石漠化的有效途径。

1.2.2 石漠化形成的人文因素

世界上与我国西南地区位于同纬度且气候和地貌条件相似的其他岩溶地区并未出现广泛的石漠化，其重要原因之一是我国西南岩溶地区人类活动强度较大。

第一，滥伐森林和过度开荒是石漠化的主要诱因。资料表明，西南大多数地区一百多年来曾经发生过 4 次大规模的生态破坏（王世杰等，2003）。然而在近代大多数西南岩溶地区依然还是森林，主要是在三十多年前由于种种原因才被大量砍伐，而绝大部分石漠化正是在森林砍伐之后才逐渐发生的（吕文春和陈性平，2013；谢家雍，2001；李志伟，1999）。南方喀斯特地区人口快速增长、人地矛盾突出本身也是毁林开荒的促进因素。研究表明，毁林开荒减少土壤水稳性团聚体数量，加速土壤有机碳的分解和流失，同时也降低土壤含水量，进而更易于发生水土流失形成石漠化（李阳兵等，2005a）。

第二，原始的种植结构容易造成石漠化。西南广大而湿润的喀斯特地区的坡耕地的主要农作物是玉米和红薯，由于在种植与收获时都需大量翻土，这种土地利用方式成为诱发石漠化的主要人为原因之一（苗建青等，2012）。有人根据土壤中大量的玉米红薯孢粉组合记录证明，西南石漠化最初发生时期正是明清的这两种作物从国外引进中国并大量种植的时期。这些作物非常适合中国的气候条件，对土地要求不高、抗逆性强、产量也高，使得人口大幅增加，诱发更大面积毁林开荒耕种，从而导致喀斯特地区第一次石漠化急速发展（严奇岩，2010）。因此只有改变这种种植结构才能从根本上遏制石漠化的发展。

第三，土地产权错位是中国现代石漠化的深层次原因。石漠化的加速发展主要发生在实行家庭联产承包责任制这 30 年间（谢家雍，2001），家庭联产承包责任制所特有的小农式耕作方式在解决外部性生态环境问题上存在缺陷（王跃生，1999）。土地承包制度的不完善引发粗放和掠夺式的土地利用方式，进而加速石漠化的进程。随着农村劳动力向城市流动，外出务工的离心力降低农户对土地的依赖程度，同时土地产权制度不完善又造成土地对农户吸引力的减弱。结果就是农民对农地经营的积极性与精心程度较低，导致采取粗放的土地利用方式，如农药、化肥使用增加而农家肥使用减少，从而激化石漠化（苗建青等，2012）。正如艾利思（2006）所言，农民既不是自然资源的理想管理者，也不是天然破坏者，农业未来收益不确定性是农民保护生态意愿下降的原因，因此，正是这些情况有可能进一步加剧石漠化。

第四，工业活动对喀斯特地区生态影响强烈。西南喀斯特地区矿选冶排放的废气、废水、废渣中含有大量铅、锌、砷、汞、二氧化硫等有毒有害成分，还有工业生产和人类生活燃煤释放的大量烟尘，造成严重的酸雨，对植被、藻类、苔藓等植物危害严重，特别是岩溶石山上最基本的生物——藻类，多死于酸雨，植被的破坏导致石漠化的加剧。此外，采砂采石也是诱发石漠化的因素之一。

第五，经济发展水平与石漠化高度相关。研究表明，在县域尺度上石漠化面积与经济发展水平高度负相关，即区域经济条件越差，石漠化所占比例越大、发生率越高（安国英等，2016）。而且经济发展水平落后的同时还伴随着居民生态保护意识不强。因此，要发展致富，必须治理石漠化。

综上所述，石漠化发生的重要原因是人类不合理活动即不合理的土地利用方式叠加于脆弱生态之上的结果。在自然条件不可能改变的前提下，石漠化治理的路径只有改变生态脆弱区人类的活动方式。

1.2.3 石漠化治理问题

石漠化的治理已被提到国家战略目标的高度（Yuan，1983，1997）。石漠化治理至今已连续 4 次被列入国家五年计划纲要，十八大报告中首次把石漠化治理纳入生态文明建设之中，十九大报告和多次的中央一号文件把生态环境治理上升到国家战略的高度。中国科学院分别于 1994 年和 2003 年两次向国务院递交报告，提出推进西南喀斯特地区石漠化综合治理的若干建议。2008 年国家批复在"十一五"期间安排专项资金，有针对性地选择 100 个县（市、区）先行开展石漠化综合治理的生态示范试点工作，以摸索石漠化治理模式和不同条件的治理方式。

国外岩溶地区人口和贫困的压力较舒缓，生态环境问题基本上是一个保护问题，所以国外对在人地矛盾的条件下恢复生态及石漠化治理方面的研究极少。国内的生态环境治理一般是在政府主导下，以科研机构为依托，投入巨大的资金开展各种生态工程，这些工程大致模式如下：①生态农业技术示范工程，适宜石漠化地区的作物培育改良和种植技术开发；②生态修复工程，植树造林、退耕还林（草）、封山育林等；③生态环境工程，进行坡改梯、水柜集雨等工程建设；④生态能源工程，建设沼气设备、铺设输电输气线路以替代薪柴等；⑤生态产业示范工程，推广粮草药材种植+家畜养殖+沼气、绿色食品加工、生态旅游业等复合农业模式；⑥生态移民工程，推进生态脆弱区人口迁移、输出富余劳动力等。

这些生态工程项目模式所取得的生态治理效果巨大，但是也存在一系列问题：①缺乏多元主体积极参与，多是以各级政府为主体，市场和社会的参与程度偏低（李辉婕等，2018；张军以等，2014）；②财政负担沉重，治理项目以地方财政巨大的投入为支撑，农户难以复制这些项目模式（张军以等，2014）；③治理技术推广不足，科研单位主导的治理项目趋向重技术研发和科研成果，轻技术推广（成永生，2015）；④治理范围有限，治理项目对于局部高强度石漠化有效，对于连片石漠化区域效果不大（蔡会德等，2011）；⑤生态治理成果不易巩固，工程项目完工后缺乏后期管护，治理成效巩固乏力（吴协保，2016）；⑥侧重易治理区，治理工程主要集中在条件好的地区，而条件差的石漠化地区往往被忽视（蒋忠诚等，2016）；⑦流于政绩工程，很多治理项目被地方政府作为景观工程和政绩工程争抢拨款盲目建设，资金浪费严重（熊康宁等，2002）。

这些问题的根源之一是这些生态环境治理工程的指导理论以各种自然科学为主，非人文化倾向非常明显，因而就连自然学者也认为至今仍缺乏最科学有效的治理方法（严奇岩，2009）。石漠化的发生是各种自然和人文因素综合作用的结果，因此石漠化研究和治理需要文理科的高度融合。生态农业经济学者大力推荐的治理模式是在石漠化地区推广生态农业技术。生态农业技术是用于生态修复的某种适宜植物及其相应栽培技术的总和，本书将专注于这种治理模式。用于生态环境治理的生态农业技术不同于普通农业技术，属于兼具生态效益和经济效益的中间性技术，具有公共物品的性质，并且是适宜大面积推广的可持续土地利用方式。推广生态农业技术是一种最适宜广泛恢复植被和普及的治理模式，这种模式既可以高效、广泛地、大面积地进行石漠化治理，又可以实现当地农民的发展致富。

西南喀斯特地区坡耕地的主要农作物是玉米和红薯，这两种作物在种植与收获时都需大量翻土，是诱发石漠化的主要原因。若使农民主动放弃这种不合理的坡耕地传统种植结构而采用生态农业技术，则既能使农民增收又能减缓石漠化。在西南石漠化地区推广生态农业技术是石漠化可持续治理模式。国家和地方政府及农业企业为防治石漠化已在许多地区建立大量的生态农业技术示范基地，目的是引导农户改变传统种植结构而采用生态农业技术，以使这些生态脆弱区实现生态效益、经济效益和社会效益的高度统一，但由于市场和社会力量没有积极有效地参与，政府财政负担不但沉重而且推广效果非常有限。其实自然学界对于石漠化治理也强烈建议鼓励各方协同参与（袁道先等，2016）。学界也普遍认识到农民主动采用生态农业技术是有效治理石漠化的基础，一些试点地区曾推行多元参与式石漠化治理的方式，但效果都不太理想。其中有一个重要原因是石漠化治理的研究多以自然科学为主，特别是没有将成熟的农业技术推广理论应用于石漠化治理的研究和实践中。

1.3 生态农业技术及其推广

1.3.1 生态示范区与生态农业技术

中国许多地区的自然资源和生态环境破坏十分严重，已到了影响国家生态安全的程度。为此国家在《全国生态示范区建设规划纲要（1996~2050年）》的指导下，在1995~2009年，分九批建立528个生态示范区（ecological demonstration area）建设试点。生态示范区是以生态学和生态经济学原理为指导，以协调经济、社会发展和环境保护为主要对象，统一规划，综合建设，生态良性循环，社会经济全面、健康持续发展的一定行政区域。生态示范区是一个相对独立、对外开放的社会、经济、自然的复合生态系统（国家环境保护局，1995）。分布于石漠化地区的生态示范区则属于石漠化治理的综合经济范畴。

在"十五"国家重大科技攻关项目"中国西部重点脆弱生态区综合治理技术与示范"的一系列课题中，生态示范区包括生态恢复和生态重建两个方面的内容，是指通过科研与示范的密切结合，研究开发适宜脆弱生态区生态综合治理的集成技术和模式，实现生态系统结构和功能的整体优化。其中，在生态破坏区有计划地恢复和治理已破坏的生态环境是生态示范区建设的一项重要内容。生态系统恢复与重建是根据生态学原理，通过一定的生物、生态及工程的技术与方法，人为地改变和消除生态系统退化的主导因子，调整、配置和优化系统内部及其与外界的物质、能量和信息流动过程及其时空秩序，使生态系统的结构、功能和生态学潜力尽快地恢复到正常的或原有的乃至更高的水平。生态工程要求既能迅速提高土地生产力以满足当地人民生存与发展的需要，又能维持相对稳定的生态平衡并进入良性生态循环（蔡运龙和蒙吉军，1999）。目的是使生态环境被人为破坏的地区得以实现生态效益、经济效益和社会效益的高度统一。

各种生态农业技术是各地生态示范区开发研究的重点内容。据骆世明（1995）的总结，中国生态农业的技术体系主要包括：①农业环境综合整治技术；②农业资源的保护与增殖技术；③小流域综合利用技术；④立体种养技术；⑤庭院资源综合利用技术；⑥再生能源利用技术；⑦农业副产物再利用技术；⑧有害生物的综合防治技术。本书所指的生态农业技术主要属于该体系的前两类。结合前人研究，本书将生态农业技术定义为由国家投入并由研究机构开发的适宜生态脆弱区生态综合治理的农业集成技术和模式，具体包括以生态恢复和重建为目的经过筛选和培育的适宜植物及相应的耕作技术。适宜生态脆弱区环境的生态农业技术与普通农业技术相比具有显著不同的特点：①多为草本、木本等多年生植物；②无须频繁翻土耕作；③兼有生态效益和经济效益；④在岩溶石漠化地区还具有喜钙性、岩生性、旱生性、耐碱性的特性。

学术界对生态示范区展开丰富的研究。研究内容包括技术规划、经营模式及可持续评价等。这些研究主要集中在生态示范区建设的本身，对生态示范区向外界的扩散效应很少深入涉及，也极少对采用示范技术的主体——农户予以关注。生态示范区建设的本身并不是最终目的，而是它的示范效果，即扩散效应。生态示范区的建设多为国家投资，最大的缺点是风险意识偏低，这与农户投资显著不同。国家作为投资主体固然有见效快、规模大的特点，但是作为广大农村主人的农户才应该是农业投资的主体。没有广大农户的积极响应和参与，无论生态示范区本身如何成功也难以达到原有的目的。农户模仿生态示范区的本质是农户采用生态农业技术的行为，或者说是农户面对生态农业技术的经济行为反应。

长期以来生态示范区扩散效应为什么不显著？深层次的原因值得探讨。研究发现自然生态保护区对其周边的农户的技术选择行为有较大影响，也有人发现技术服务考核机制对生态示范技术的推广有很大的促进作用。生态示范区工作人员与农户的动机有很大的不同，前者可能不计成本只为完成科研任务，后者则更关注示范技术的成本收益比较，所以示范技术的推广机制对推广效果有着直接的影响。本书采用同类研究的成功做法，以重庆市巫山县福田镇生态示范区培育的金银花（honeysuckle）作为生态农业技术的典型代表，考察农户采用生态农业技术的经济行为。

1.3.2 农户与生态农业技术

生态脆弱区现有的土地利用方式是加速石漠化的主要原因，这种传统的土地利用方式稳定性很强，难以打破，但属于一种初始无效均衡，推广生态农业技术可能是打破这种初始均衡的最有效的途径。在岩溶地区发展生态农业技术是可持续发展的唯一出路。

国家为了石漠化地区的生态恢复和重建投资建设大量的生态示范区。农户模仿生态示范区并采用生态示范区展示的生态农业技术的行为表现为种植结构的调整，即放弃传统的玉米、红薯的种植而改种生态友好型经济作物。农户采用生态农业技术的生态学内涵如下：①改变土地利用/土地覆盖变化（land use/land cover change，LUCC）；②提高生物链级别；③减少对土壤的扰动。农户采用生态农业技术的经济学内涵如下：①放弃传统种植技术改用新的生态农业技术；②对劳动力、资金、土地等生产要素进行重新配置；③由粗放经营转变为集约化经营；④由半自给自足相对稳定的状态转变为独立面对市场风险的状态；⑤由不完全市场化经营可能转变为完全的市场化经营；⑥由小型兼业型农户可能转变为农业经营大户。由此可见，农户选择生态农业技术在表面上是种植结构的调整，深层次是生产方式的全面转变。

技术作为现代经济增长的主要源泉，被定义为"为了生产某种产品而如何结合一组投入的有关知识"（林毅夫，2008）。技术变化在实质上至少是一种生产要素增加、减少或者是改变的结果（舒尔茨，2006）。农户是农业科技的最终采用者，是吸收和接纳农业科技的主体。农户技术选择是指农户在利润最大化的目标前提下，结合农户现有的资源存量、采用适当的农业技术的经济行为。农户技术选择的实质是农业技术在农业中的推广、应用。农民作为理性的经济人，当其面临几个可供选择的方案时，会选择能给他或他的家庭带来效益最大化的方案（舒尔茨，2006）。

英国经济学家希克斯在《工资理论》一书中对技术进步进行分类，构造在只有资本和劳动两种生产要素的条件下技术进步的三种模型（Hicks，1963）：①劳动节约型技术进步（labor-saving technical progress），能够促进资本/劳动比率上升，使用更少的劳动也能达到原有的产量；②资本节约型技术进步（capital-saving technical progress），能够促进劳动/资本比率上升，使用更少的资本也能达到原有的产量；③中性技术进步（neutral technical progress），能够促进劳动和资本的生产效率同比例增加，因而资本/劳动比率保持不变，只需要较少的劳动和资本即能达到原有的产量。不同的农业技术应该有其特有的技术进步属性，本书的样本金银花的技术进步属性有待实证检验。技术属性的差异能够显著影响农户对新技术的采用，不同技术具有的收益水平、技术风险及对资源依赖程度的差异是农户技术采用决策差异的主要原因（满明俊等，2010）。目前趋势是随着劳动力价格的不断上涨和兼业农户数量的逐步增加，劳动节约型农业技术更受农村的青睐。

农户采用农业新技术还受到新技术的风险性的影响。技术风险可能阻碍农户投资农业新技术，因此能否获得预期收入是农户是否采用新技术的关键因素。普遍研究认为农户经济状况影响农户的风险承担能力和资金使用分配决策（孔祥智等，2005a），一般来说，欠发达地区的农户及资金缺乏者采用新技术的主动性差。因此，信贷能力越强的农户越倾向选择质量安全的农业新技术，而且生态友好型农业技术需要农户长期投资，但是农户从规避风险的角度出发更倾向选择短期性投资（黄季焜等，2000）。

1.3.3 研究农户采用和推广生态农业技术的意义

1. 丰富人地关系研究内容

岩溶石漠化造成西南地区生态环境的恶化，这是区域人地矛盾严重对立的结果，而人正是这一矛盾的核心（兰安军等，2003），人地关系是否协调不取决于地而取决于人（吴传钧，2008）。人类因素影响愈是强烈的地区，自然和环境的脆弱性也愈大。环境恶化的本质原因是人地作用过程中产生路径依赖，进入一种低水平的轨道锁定阶段（张力小，2006）。

人地关系表现为人类对自然的能动作用和自然对人类的反作用两个方面。农户采用生态农业技术正是属于人类对自然的能动作用，而且是生态可持续的能动作用。显然，农户采用生态农业技术行为亦属于典型的人地关系范畴。

依据不同的标准和研究目的，人地关系可以划分为许多不同的类型，而从生态可持续的角度则可划分为冲突型人地关系与和谐型人地关系两大类。农户放弃破坏生态的种植结构而采用生态农业技术的地理学意义正是由冲突型人地关系向和谐型人地关系的转变，但是传统研究却对这个重要的问题没有给予足够的重视和展开充分的研究。这个转变过程受到多种因素的影响，对这些因素的研究有助于为推动冲突型人地关系向和谐型人地关系的转变提供理论和实证的依据。

人地关系具有自然和社会两种属性，需要从经济、社会等角度探讨人类与自然环境之间的相互联系和影响。人地关系研究应以人为中心，围绕人的生存和发展需要，以人地相互作用的方式和强度建立模型（吴殿廷和葛岳静，1997）。人地关系具有明显的地域差异性，必须以地域为基础研究人地关系（吴传钧，1991），因此选取典型区是研究人地关系成功的关键（袁道先等，2003）。人地关系存在着非线性的关系，单纯定性不够，需要定量研究（吴传钧，2008），揭示人地之间的数量经济关系既是传统地理学的研究课题之一，同时也是生态环境经济学的前沿问题。

2. 促进生态治理综合研究

生态环境问题是人类活动与自然生态相互作用的结果，属于人文学科与自然科学高度融合的学术范畴，而既往的研究大多分别是经济学和地理学专注的研究领域之一，人为地割裂了自然与人类的密切关系。例如，研究生态环境问题的自然科学学者在涉及经济数据时往往只能参阅各种统计年鉴的一些统计数据，但是这些统计数据受行政区划限制而难以深入农户的层次。同时，经济学等社会科学学者由于没有独立的环境变化的测试手段，只能利用环境部门的检测数据，但这些数据多是较大范围的指标，难以与微观视角的农户经济行为相对应。

生态环境问题在它产生之初就是多学科综合统一的，只是在近代学科发展中逐渐分化，将人与地割裂开来分别研究形成人文学科和自然科学两大分支。固然这种分化是学科进步的结果，但是，这种二元化式的分割研究却难以提出解决生态环境问题的有效对策。现代生态环境是人文学科和自然学科的有机统一体，即现代生态环境多是人化的自然，因而纯粹的自然环境几乎难以找到。生态环境这一概念反映的就是社会的现象过程和自然的现象过程。人文学科与自然科学的区分，不是澄清而是模糊生态环境的真正性质。

生态环境问题已把世界各国的各学科的科学家们联结到一起。因此生态环境问题研究的一个大趋势是人文学科和自然科学两大分支之间，以及各分支内部之间更多地融合而不是分道扬镳。事实上，从20世纪60年代开始，经济社会可持续发展的提出就是为从整体上解决人类面临的一系列重大生态环境问题，这就更需要进行人文、自然、经济的综合研究（蔡运龙，1998）。即使是生态环境相关的自然科学本身也已经越来越不能回避人文因素，这是由于人类对环境的影响日益明显，人类活动已经成为生态环境问题研究的一个核心论题。英国学者格雷戈里（2006）的看法是，生态环境问题的近今研究论题包括环境系统、环境过程、环境变化、人类活动、自然地理学应用与环境管理等主题，而人文因素在这些主题中的作用不断增加。

有很多学科（如经济学、环境科学、社会学）对生态环境领域感兴趣，它们都在试图抢占地盘。生态环境问题的研究已呈现出多学科越来越广泛而频繁的交错趋势，其中特别是与经济科学、地理学、环境科学、生态科学和系统工程学的交错最为密切，可以说已进入"你中有我，我中有你"的境界（吴传钧，1990，1996）。

生态环境问题研究是一门兼有社会科学性质与自然科学性质的综合性科学。综合性是指用系统观和整体观研究自然环境，而这个问题始终是生态环境研究最高层面的科学难点（李吉均，1999）。其中，地理学的统一地理学学派更是强调自然地理学与人文社会一体化的学术观点，多学科交叉融合已经形成难分彼此的趋势。目前学科中的分离倾向依然严重，人文社会学科学者和自然科学学者常常各自为政，很少有效地结合起来研究深层次的自然-社会问题。要对全球人类面临的重大生态环境问题做出重要贡献，我们必须超越自然-人文二元化，综合利用人文学科和自然科学两个学科分支的长处，努力达到综合集成研究（汤茂林等，2010）。然而如何综合集成往往使学者们感到困惑，可以说基本上还只是混合的，长期以来综合性仅停留或徘徊在宏观设计的层面上，而没有或很少从微观层面加以运用（韩永学，2003），至今真正的综合性成果仍然乏善可陈。

综上所述，石漠化就是人文因素与自然因素交织作用的生态环境问题，农户采用生态农业技术行为亦属于人地关系的研究范畴。依靠人文与自然合一的综合研究理念有望取得开创性的研究成果，并为由冲突型人地关系向和谐型人地关系的转变探寻崭新的路径，但是对于综合研究尤其是在微观层面上的综合性难度非常大，依然面临艰巨的挑战，而本书尝试应用经济学相关学科与地理学相关学科高度融合进行研究，做出一点初步的探索和尝试。

1.4 相关农户行为理论

农户行为方式的改变涉及诸多相关理论,如人类行为理论、农户决策理论、农户经济行为理论。

1.4.1 人类行为理论

有关人类行为的理论流派众多,观点纷繁,以下仅将与本书有关的理论分述如下。

一是需要理论。人的行为是在某种动机的策动下为达到某个目标而进行的有目的的活动,而动机则是在需要的基础上产生的。心理学的研究表明,一般将动机分为生理需求、安全需求、社交需求、尊重需求和自我实现需求等五个由低到高的层次。个人的自身条件和所处的环境不同,则需求的层次也不同,当某一层次需求得不到满足时,心理就会产生不安和紧张,为了缓和这种心理紧张状态,就产生满足需求的意愿,即产生行为动机。

二是激励理论。人的行为是对外部环境激励的反应,而这种激励可产生正反两个方向的驱动。外界激励调动人的内心的目标效用评价,如果个人能力大于目标实现所需的难度,就有可能付诸行动。同一激励对不同的人可能产生截然不同的效果,这取决于个人的自身禀赋差异。

三是风险规避理论。不论假设人是完全理性的动物抑或是有限理性的动物,人类行为付诸实施前都会评估这个行为的失败后果,并将个人所能承受的限度与之相权衡,如果能够承受失败的后果,就有可能付诸实施。不同的人对风险偏好的程度显著不同,一般可分为风险偏好型和风险厌恶型以及介于两者之间的风险中性型。普遍认为一个人的风险偏好在成年后是终身固定的,不同风险偏好的人对同一事物的反应可能截然不同。农民的风险规避行为在不稳定的市场面前更趋于保守,而且也阻碍对新技术的采用(斯科特,2001)。

四是行为改变理论。人的行为是可以改变的,但是改变一般都难度较大,而有组织的行为改变则更为复杂,需要更多的时间。行为改变有三个过程:一是学习的改变,二是态度的改变,三是技能的改变,这三个过程需要循序渐进。行为的改变受到外界诱导、经济条件、社会环境及自身禀赋等多重因素的制约和影响(高启杰,2008)。

由此可见,引导农户采用生态农业技术的经济行为研究需要这些相关基础理论的指导。

1.4.2 农户决策理论

有关农户决策的理论非常丰富，简述如下：

一是劳动消费均衡论。以俄国著名农学家恰亚诺夫为代表的劳动消费均衡论认为，小农经济行为不能以资本主义的学说来解释。小农农场基本上是一种家庭劳动式农场，拥有一定数量的土地和生产资料，很少雇入也很少雇出劳动力，有时从事少量非农经济活动。小农产品主要为满足家庭自己的需求，而不是市场利润最大化（恰亚诺夫，1996）。

二是利润最大化理论。与劳动消费均衡论相对的是以美国学者舒尔茨为代表的利润最大化理论。该理论认为，传统农民与现代农场主在经济行为上没有本质性差别，都遵循经济学的利润最大化原则，并且提出著名的贫穷而又有效率的假说。传统农业的停滞主要在于缺乏新技术的导入，因而改造传统农业的正确途径是提供给农民现代生产技术，以及提高农民的教育水平（舒尔茨，2006）。

三是过密论理论。以美国学者黄宗智为代表的过密论学说对劳动消费均衡论和利润最大化理论进行折中的解释：中国的农户决策行为既受家庭劳动结构的限制，又部分受到市场经济的冲击。对于经营式农场，更适合用舒尔茨的利润最大化理论解释，而对于家庭式农场则更适合用恰亚诺夫的劳动消费均衡论解释。小农家庭劳动的机会成本几乎为零，因此在边际报酬非常低的情况下仍会继续投入劳动力（黄宗智，2000）。

四是以巴纳姆-斯奎尔（Barnum & Squire）为代表的农户理论。该理论假定：①劳动力市场的存在；②农户可用的耕地数量一定；③家务劳动和休闲合并，作为一个消费项目来实现效用最大化；④农户需要在产品的自我消费和出售数量之间做出权衡；⑤不确定性和风险下的行为忽略不计。该理论根植于恰亚诺夫的劳动消费均衡论和贝克尔的新家庭经济学（贝克尔，2008）。前者将农户视为一种集生产决策与消费决策于一体的经济单元，后者把家庭成员的所有时间单元计入价值，来决定生产、消费和休闲的时间分配以实现家庭效用的最大化。该模型通过时间分配理论和生产消费一体化这两个概念的结合而得以建立（Barnum and Squire，1979）。

五是以李小建等（2009）为代表的农户地理理论。该理论研究农户经济活动与地理环境的相互作用以及农户之间的相互作用。正统的农户理论都假定农户的经济活动不产生空间费用，传统的地理学也长期忽略农户这个最基础的经济组织。如果在农户尺度将空间费用纳入经济行为的分析，将对农户的决策理论产生重大影响。

综上所述，农户经济决策的本质是劳动力、资金及土地等生产要素的优化配置。根据这些理论可以认为，农户家庭内部依据能力和体力的比较优势以及传统习惯形成的男女分工对家庭收入最大化起到重要的作用。对于我国广大农村的农民而言，土地持有是一种储蓄和养老保障的方式，同时外出务工又能快速增加家庭收入。设定一个只有男性和女性两个劳动力的农户家庭生产系统，在比较优势形成的农户家庭内部分工经济中，男性劳动力从事非农业生产，而女性劳动力则偏向平坝田耕作，因为平坝田更适合女性劳作，同时相对费力且产出较低的坡耕地则可能被粗放经营直至被撂荒。

1.4.3 农户经济行为理论

农户是农区经济活动的最基本组织单元。农户经济活动又称为农户经济行为。吴绍田（1998）认为农户经济行为是指农户为了追求自身利益最大化或追求对某种效用极大满足而表现出来的一系列经济活动的过程，包括农户生产、投资、择业、消费等行为。本书认为农户经济行为就是农民个体及其家庭在特定的社会环境和自然条件下，为了满足自身物质需求或精神需求，并为了达到一定目标而表现出来的一系列经济活动的总称。农户经济行为包括生产行为、消费行为、投资行为等，其中农户生产行为是一种最重要的经济行为，本书主要研究农户生产行为中的生态农业技术采用行为的全过程。

1. 农户及投资主体

研究生活在生态脆弱区的农户采用生态农业技术的经济行为必须明晰农户的概念。农户的概念需要从多个维度来解析。第一，农户是以血缘关系为纽带组成的最基本的农民家庭组织和生产组织（王国辉，2006）；第二，我国自家庭联产承包责任制实施以来，农户已成为广大农村投资、经营与生产等经济活动的主体，同时农户又是最基本的决策单位（庾德昌，1996）；第三，与其他行业（如工业）或其他组织形式（如农场）等不同，农户既是生产单位又是消费单位；第四，农户居住在农区以从事农业为主（史清华，1999）；第五，农户主要从农业中获得生活资料、在农业生产中主要利用家庭劳动（Ellis，1993）。结合我国和研究区农村现阶段实际情况，本书将农户定义为在农村拥有户籍和耕地，部分或全部成员从事农业生产的以血缘或姻缘关系为纽带组成的农民家庭组织。

目前我国农业投资主体呈多元趋势，包括农户、集体、企业和政府等。其中农户在农业投资中的比重最高，未来农户将继续是农业投资的重要主体，并逐步分化为小规模经营的农户和规模化经营的农户以及企业化经营的农业企业。真正的农业投资主体应该是市场机制下的自主经营、自负盈亏、自我约束和自我发展的农户和企业。生态示范区多为国家投资,具体执行者为地方政府和科研机构,其决策机制明显与农户不同,如缺乏风险意识、不计成本、资金不断注入的输血式经营、短期行为等。现阶段农户家庭应该是生态农业技术主要的理想投资者。一般来说,技术变迁的路径主要包括政府主导的强制性技术变迁路径和微观农户内在需求所引致的技术变迁路径。本书关注的是引导农户主动采用生态农业技术的技术变迁路径。

有学者从地理学角度指出,研究人地关系必须首先确定人口单位是个人还是家庭抑或是集体,并需明确该人口单位所控制的资源状况。家庭是一种组织形式,家庭行为对自然环境造成的组织效应大于个体行为的总和,而这些组织效应既可以是有益的也可以是有害的。影响组织效应的因素有人的世界观、道德、理想、立场、经济利益、感受、对政策的看法、阶层、文化程度、文化背景、性别、年龄等(牛文元,1992)。吴传钧(1991)指出,人地关系研究中人口(数量、质量、移动)、心理行为、教育、就业、生产力布局、经济活动等都是非常重要的因素。

由此可见,农业的生产方式决定农户是农业投资最理想的主体。因此生态农业技术的推广应该将农户家庭作为目标主体,并且在推广过程中需要考虑多种因素的影响。

2. 农户经济行为与生态农业技术

李小建等(2009)从农户地理学的角度指出,农户经济行为中的生产行为对农区环境影响最大。农户是通过经济行为与土地发生联系的,石漠化的人类活动驱动力就是作用于自家承包地之上的农户经济行为。农户的决策能力与家庭成员的素质影响着农户对自然资源和环境条件的利用(李小建等,2009;庚德昌,1996)。

农户土地利用行为是一种重要的农户生产行为,具体表现为土地利用类型。土地利用类型不同石漠化程度亦不相同(李阳兵等,2006a;蓝安军等,2001)。不同的土地利用方式对土壤的理化性质的影响差异很大(李生等,2008),进而使得土壤抗侵蚀能力也相应不同(孙承兴等,2002)。研究区农户土地一般分为坡耕地和平坝田两部分。石漠化发生在坡耕地;平坝田多为水田,不存在石漠化。坡耕地的土地利用类型分为三种:农耕(种植玉米、甘薯等)、撂荒和退耕还林。

农户选择生态农业技术意味着农户的土地利用行为将有较大的改变,具体包括土地利用方式和要素投入等多个方面,归纳如下。

1)种植结构调整与新技术的导入

西南地区坡耕地的传统种植结构多为玉米间种红薯,这种种植结构的特点是每年都需翻土多次,极易激化水土流失,这也是石漠化的直接原因。生态农业技术多为经济树种或多年生草本植物，这就要求改变传统的种植结构，以求得生态效益与经济效益的统一。对于农户模仿生态示范区发展生态农业而言，传统的种植技术和经验大部分可能发挥不了作用，这就意味着农户需要学习新技术。

2）劳动力的重新配置

市场化的发展吸引大批农村富余劳动力进城务工，但是采用生态农业技术需要对土地增加劳动力的投入，这就要求家庭重新配置劳动力。

劳动力转移反映农户利用资源水平和把握外部经济机会的能力和倾向，有不少研究注意到劳动力转移对于农户土地集约利用变化的影响。有文献从人地关系角度研究认为，人口与土地的关系决定土地的利用方式，具体表现为人口和土地的数量、质量、结构之间的比例关系，如人均土地占有量、人地比率状况决定了土地利用方式。现代的人地关系研究忽视移民和贸易等对人口压力缓解的可能，总是假定一种封闭环境。

Ellis（1993）从农户经济学的角度提出，农民保护环境的动机取决于他们对环境保护的成本和收益的内在比较，农民的典型成本是劳动。如果农民的家庭劳动的机会成本高，农民就会推迟保护措施。农村劳动力向城市的转移以及农民工工资的上升将对农户采用生态农业技术产生一系列的重要影响，最终对农地水土流失状况产生不可忽视的影响。

3）资金投入的调整

在生态脆弱区农民普遍采取粗放经营的方式利用坡耕地，资金投入很少，而生态农业技术需要大量的资金投入。

根据农户经济学理论，农户生产性投资包括固定资产和流动资产投入两部分。固定资产为农业机械设备等，流动资产主要为农药和化肥等。农地水土流失状况受到农户生产投入行为的直接影响。在化肥、农药等农业生产资料价格相对较高，农产品价格相对较低的情况下，农业生产投入越多，农户获得的实际收入越少，农业生产保护性投入和水土保持工作则越差。因此，农户采用生态农业技术也是一个资金投入的过程，是否投入取决于生态农业技术与其他作物的比较收益。

3. 农户经济行为与土地流转

农户土地多为互不相邻的地块，土地的细碎化成为农业生产率提高的障碍，而且农户经营的土地面积小，造成农业经济效率低下，必须通过土地流转实现适度规模经营。农户采用生态农业技术也必须进行规模化经营，而农户的土地少且分散，需要扩大土地规模，连块成片，因此有可能形成从其他农户转入土地的动机。通过土地流转将土地集中到农业经营大户，提高土地投入水平，优化土地投入结构，进而发展现代化农业。在我国现有的土地制度下，农地流转其实就是承包经营权的流转。最终的流转均衡状态是生产效率高的农户将拥有较多的土地，而生产效率低的农户拥有较少的土地。因而土地流转是劳动力与土地的动态结合，是生产资料的优化配置，对扩大土地经营规模并进而推动城市化进程都有不可估量的作用。

现有耕地条件、土地流转方式与经济状况对农村土地流转程度存在显著性影响。具有较多农业经营资源的农户转入农地的可能性更大。农地产权的不完整导致较高的交易费用，因此许多地区的土地流转更多地发生在亲戚熟人内部。研究表明，非农收入比重越高，农户对土地的依赖性越小，农户就会越愿意将土地流转出去；社会保障水平不高则会使农户对未来的生存担忧而拒绝农地流转；农户的文化水平对土地流转具有收入效应和替代效应，即提高和降低流转意愿两个方向的效应。农户土地流转分为转出和转入两个方面，这两个方面的意愿并不相同，其影响因素需要区别对待（唐文金，2008）。另外，农户外出务工时间越长，其希望流转出土地的意愿也越强（林善浪等，2010）。

林善浪和张丽华（2009）研究发现不同地形条件对农地流转产生的影响有所不同。据笔者初步调查结果，在土地利用二元地貌结构条件下，农户对于平坝田与坡耕地的流转意愿并不相同，转入平坝田和转出坡耕地的意愿都较为强烈。此外，农户之间还可以通过土地股份合作制的方式扩大种植规模，这属于一种较为高级的农业经济组织形式，或者称之为较为高级的土地经营组织。

综上所述，农户采用生态农业技术属于一种经济行为，其实质是生产要素的重新配置。这种经济行为不但受自身条件和社会经济环境的制约，也受到自然环境、耕地条件及经济组织形式的影响。由此可见，经典的农户决策模型完全可以用于本书的农户技术选择分析。

本书以西南岩溶石漠化地区农户的生态农业技术采用行为作为研究对象，以土地禀赋对农户采用生态农业技术行为的影响为研究重点，以土地利用结构为切入点，以农业经济地理学理论和农业技术经济理论为研究工具，主要从微观的视角系统地研究农户采用生态农业技术行为中多个层次的问题，以探明生态农业技术在生态脆弱区的传播规律，在此基础上为石漠化的治理和生态重建因地制宜地提出相应政策和制度的改进建议。

为此就必须从农户的视角来研究石漠化地区的农户土地利用行为规律以及在采用生态农业技术时的决策机制，在研究成果的基础上才有望为改进生态示范区的设计和引导农户采用生态农业技术制定行之有效的推动政策提供依据。本书高度融合人文学科与自然科学相关的理论和方法，依托这些生态农业技术示范区及其周边地区，通过问卷调查和实际测量获取数据，运用各种数理模型和计量模型进行分析。

1.5　本书重要概念

为便于理解和查阅,将本书有关重要的概念界定如下。

1. 生态脆弱区

生态脆弱区是一种脆弱的生态系统区域,是指在人类活动或自然条件变化的复合影响下,生态系统的组成结构稳定性变差、生态功能减退、抗外界干扰能力减弱,且易发生进一步生态退化并难以自我修复的连续区域。

2. 生态示范区

生态示范区是以生态学和生态经济学原理为指导,以协调经济、社会发展和环境保护为主要对象,统一规划,综合建设,生态良性循环、社会经济全面、健康持续发展的一定行政区域。本书特指以恢复和重建已被破坏的生态环境为目的的生态示范区。

3. 生态农业技术

本书所指的生态农业技术主要是指由国家投入并由研究机构开发的适宜生态脆弱区生态综合治理的农业集成技术和模式,具体包括以生态恢复和重建为目的,经过筛选和培育的适宜植物及相应的耕作技术。

4. 新技术采用行为

新技术采用行为(new technology adoption behavior)是指行为个体从最初知悉某项创新开始,到对它进行考虑,再到做出反应,直到最后决定在生产实践中进行实际应用的过程。本书将农户对生态农业的新技术采用行为定义为采用意愿、采用决定、采用程度、采用方式及采用收益评价等一系列的决策行为过程。

5. 农户

本书将农户定义为在农村拥有户籍和耕地,部分或全部成员从事农业生产的以血缘或姻缘关系为纽带组成的农民家庭组织。

6. 农户禀赋

农户禀赋(endowments of peasant household)是指农户家庭成员及整个家庭所

拥有的包括先天所有的及其后天所获得的资源和能力。本书将农户禀赋分为自身能力和拥有条件两大类：前者称为农户能力禀赋，后者称为农户条件禀赋。农户能力禀赋是反映自身能力的因素，有年龄、学历等；农户条件禀赋是反映拥有条件的因素，有土地占有规模、收入水平等。

7. 农户经济行为

农户经济行为就是农民个体及其家庭在特定的社会环境和自然条件下，满足自身物质需求或精神需求，并为了达到一定目标而表现出来的一系列经济活动的总称。本书将农户经济行为定义为农户采用生态农业技术行为的全过程。

8. 土地禀赋结构

土地禀赋是指土地具有的天然特性以及所处的自然环境和经济社会环境的总和，可以分为自然禀赋和人文禀赋两部分。土地禀赋结构是指土地禀赋的构成及其相互关系，本书从土地利用结构的视角将研究区的土地禀赋结构划分为坡耕地-平坝田组成的二元地貌结构、分散细碎地块组成的细碎空间结构以及石漠化程度不同地块组成的斑状质量结构。

9. 岩溶石漠化

岩溶石漠化是指在热带、亚热带湿润、半湿润气候条件和岩溶极其发育的自然背景下，受人为活动干扰，地表植被遭受破坏，造成土壤侵蚀程度严重，基岩大面积裸露，土地退化的表现形式。

10. 金银花

金银花的拉丁学名为 *Lonicera Japonica*，合瓣花亚纲，忍冬属。为多年生树形藤本灌木，生命可达四十余年。主根粗壮，毛细根特别发达，耐干旱瘠薄、固土保水能力特强，是一种很好的生态作物。花可入药，又是收益性很高的经济作物。

1.6 本书结构

本书由五大部分共九章组成。

1. 基础理论研究

第 1 章，绪论。主要介绍中国西南生态脆弱区的研究背景、石漠化的成因与治理问题、生态农业技术及其推广问题，以及相关农户行为理论等。

第 2 章，研究区选取与研究框架。介绍研究区选择与概况、数据获取方法及研究方法与框架。

2. 土地禀赋的结构研究

第 3 章，土地禀赋结构与区划。这一部分首先定义土地禀赋原理，在此基础上进行土地禀赋结构宏观区划，并对比分析分区之间各种要素特征、形成原因及农业经济活动的差异，为对微观尺度的土地禀赋结构进行分析打下基础。

3. 农户经济行为影响因素理论分析

第 4 章，农户经济行为影响因素。从微观尺度的土地禀赋结构（即自然因素）、外部环境和农户禀赋三大方面详细论证分析农户经济行为的各种影响因素，并在此基础上将农户经济行为划分为采用意愿、采用决策（采用决定、采用程度）、采用方式、采用收益四大步骤五个阶段，最后提出具体分析框架。

4. 农户经济行为影响因素实证分析

第 5~8 章，农户经济行为影响因素分析。这一部分从农户的微观尺度，应用一系列计量模型分别分析土地禀赋结构等要素对采用意愿、采用决策、采用方式、采用收益等经济行为全过程的影响作用。

5. 研究成果总结

第 9 章，研究结论、政策建议与研究展望。一是研究方法总结，指出本书人文与自然微观综合研究方法的可行性以及土地禀赋结构概念创建的有效性；二是全面总结本书的研究成果，归纳生态脆弱区农户经济行为的规律；三是提出石漠化治理和生态重建政策的改进建议；四是研究展望，为后来研究者提供一个方向借鉴。

第 2 章　研究区选取与研究框架

科学研究必须落实到具体的研究对象。本书将大量地理学的理论和方法引入经济学研究中，涉及的自然因素必须进行实地调研。本书研究目的是人文因素和自然因素共同对农户经济行为的影响，因此选取的研究区要求人文因素和自然因素都要具有代表性、典型性和一般性，经过前期大量资料对比和实地考察，本书选取的研究区在生态脆弱性和农户经济行为等方面都基本上符合样本区的要求，这就保证研究成果具有一定的普遍意义。

2.1　研究区选择与概况

2.1.1　研究区选择

本书拟以重庆市石漠化（地区）为研究对象。重庆市范围内石漠化土地面积占全国石漠化土地面积的 7.1%，位列全国第 6（刘拓等，2009；李月臣和杨华，2008）。石漠化是三峡库区最大的生态问题，石漠化治理就是西南地区最大的生态环境治理，也是构建长江经济带生态屏障的重要环节，同时还是乡村振兴的必然要求。重庆市石漠化土地面积在西南地区排名第 5，面积为 77.3 万公顷，占石漠化土地总面积的 7.7%。但是长江流域潜在石漠化土地面积最大，为 931.1 万公顷，占潜在石漠化土地总面积的 63.5%，远超珠江流域、红河流域、怒江流域和澜沧江流域石漠化面积的总和（国家林业和草原局，2018）。重庆市石漠化主要集中在长江中游干流区间、乌江流域和沅江流域的 37 个地区，占全市总面积的 11.2%，而且大量坡耕地的石漠化继续恶化的风险更大。石漠化不但严重威胁到长江经济带的生态安全，而且造成石漠化地区普遍经济欠发展，另外，流失的土壤会大幅降低三峡水库的使用寿命，同时严重影响长江三峡的旅游景观。

重庆市石漠化连片分布的地区有綦江、秀山、丰都、酉阳、巫山、云阳、巫溪、奉节、彭水和武隆10个区县，曾经除綦江以外都属于连片特困地区或国家扶贫重点县；国家原来公布的连片特困地区在重庆武陵山区和秦巴山区共有12个区县，其中酉阳、武隆、彭水、秀山、丰都、云阳、奉节、巫山8个区县石漠化最为严重（国家林业和草原局，2018）。连片石漠化与连片贫困化高度重叠，形成中国特有的双重困境（Ford and Williams，1989）。这些地区现都已脱贫，但是进一步致富的条件还较困难。事实表明，长期以来以各种生态工程为主的治理模式对于分散的石漠化还比较有效，但是对于连片石漠化则作用有限，应将生态治理与发展致富两者联系起来探索富有中国特色的统一治理新模式。

基于三峡库区"共抓大保护，不搞大开发"的治理方针和"绿水青山就是金山银山"的发展思想，国家提出生态治理要坚持绿色发展理念，妥善处理经济发展与生态保护的关系，适度开发。同时强调通过完善政策、活化机制，吸引社会各方面力量参与石漠化防治（国家林业和草原局，2018）。因此只有通过公众参与式的生态治理与发展致富相结合的道路才能够真正实现石漠化地区的可持续发展。

本章选择具有代表性的重庆市巫山县作为研究区。巫山县地处重庆市东北部的三峡库区腹心地带，为典型的生态脆弱区，土地贫瘠，收入水平不高。巫山境内岩溶面积990平方千米，占巫山县总面积的33.5%。巫山县石漠化和潜在石漠化土地面积大于500平方千米，超过巫山县面积的16.9%，超过岩溶区总面积的50.5%，主要分布在长江流域，其中，中度石漠化土地面积分布占全重庆市石漠化土地总面积的56.9%（谢家雍，2001；刘拓等，2009）。研究表明，巫山县境内基本上都是石漠化中高度敏感区，说明巫山地区石漠化较严重，严重威胁农业生态安全，因此在该区域推广生态农业技术以代替易造成石漠化的传统作物意义重大。

2.1.2 研究区概况

研究区巫山县位于重庆市东北部。土地面积为2 958平方千米，最高海拔为2 680米，最低海拔为73.1米，立体气候明显。属亚热带季风性湿润气候，平均气温为18.4℃，年平均降水量为1 041毫米[①]，水热同期的特点突出。

---

① 巫山县官网：http://wush.cq.gov.cn。

截至2018年的统计资料显示，巫山县总人口数为63.49万人，常住人口为44.68万人，地区生产总值为1 426 379万元，其中人均地区生产总值为31 871元，相当于同期重庆全市平均水平的48.3%。巫山县农村常住居民年人均可支配收入为10 208元，只相当于城镇非私营单位在岗职工年平均工资的12.4%，生活水平还不高[1]。巫山县第一次、第二次、第三次产业结构比例大约为3∶2∶4，长江三峡横贯县境，其旅游业的发展独树一帜。

巫山县主要出露地层为三叠系嘉陵江组（T_1j）和巴东组（T_2b）的碳酸盐岩及碎屑岩夹层（四川省地矿局南江水文地质大队，1996）。广泛发育的碳酸盐岩形成石漠化发生的地质基础。研究区福田镇耕地主要为坡耕地和平坝田，坡耕地是石漠化的主要发生地。坡耕地上覆第四系堆积物，主要为黄色土壤，厚度一般为0~1米，主要种植玉米、甘薯；山间平坝发育厚层第四系土壤，主要种植水稻、小麦，不存在石漠化。

本书选取位于重庆市巫山县的福田镇金银花生态示范基地的周边作为研究区。福田镇距巫山县城西北23千米，土地面积118平方千米，截至2019年该镇有15 347户，共计44 685人，约占巫山县总人口的7%[2]。金银花生态示范基地位于福田镇东北约1.5千米的跑马村四组。该示范基地为"十一五"科技部攻关项目（2006BAC01A16），于2009年主导建设，由巫山县山里红生态农业有限责任公司主持经营管理。栽种品种为号称"蒙金"的金银花，示范基地土地面积约0.1平方千米。

巫山县福田镇作为研究区有下列优点：①中浅切割褶皱剥蚀中低山地貌，坡度多在10°~30°，在西南地区地貌上具有一定的典型性；②自然条件复杂，土地禀赋差异性大，为农户的技术选择提供丰富的决策空间；③主要为农耕区，人口相对集中，人类活动具有相对的独立性；④大部分地区不属于石漠化极端区域，因此研究数据具有一定的代表性；⑤建有典型的生态示范基地，为研究土地禀赋与农户技术选择的关系提供一个较为典型的研究样本。

适应岩溶地区的植物具有岩生、旱生、喜钙和耐碱性的特点。适宜石漠化生态治理的生态农业技术品种有很多，金银花是其中最优秀的品种之一。一种培育成功的作物也包含相应的耕作技术，因此同类研究通常以某种新型作物代表相应的新技术。本书的目的之一是选择某种生态作物作为生态农业技术的代表，研究土地禀赋对农户采用生态农业技术行为的影响，"蒙金"金银花作为本书的生态农业技术的代表具有其优良的特点：①根系发达，固土保水能力特强，是一种很好的生态作物；②其花可入药，开花时间为3~10月，

---

[1] 数据来源：《重庆统计年鉴2019》。
[2] 数据来源：《2020巫山统计年鉴》。

花期可达半年之久,是收益性很高的经济作物;③耐干旱贫瘠和高温湿冷,具有良好的生态适应性;④据实验观测,种植金银花的土地水土流失量平均要比玉米红薯地减少 80%,具有良好的生态效益;⑤金银花市场价格持续走高,种植户已获得一定的经济收益;⑥金银花种植技术已扩散到周边广大的农户,能够取得有效数量样本。

2.2 研究区数据获取

2.2.1 土地禀赋实地测量

由于本书关注土地禀赋对农户技术选择的影响,需要宏观及微观尺度的土地禀赋详尽信息,故需要通过实地考察获取这些资料。本书以 2006 年出版的 1∶10 000 地形图为工作图,对研究区土地禀赋进行实地测量,研究区总面积为 108 平方千米。

1. 野外踏勘

对研究区全范围进行踏勘,了解研究区宏观尺度的土地禀赋和农户尺度的土地禀赋概况,在此基础上制定土地禀赋的区划标准。

2. 土地禀赋的结构区划

详细进行野外路线勘察,路线间距为 1 千米,定点间距小于 1 千米。在野外定点的基础上在地形图上勾勒出土地禀赋分区的界线。最后借助地理信息系统技术做出区划图。

3. 土地禀赋各分区内农业活动的调查分析

在路线勘察的过程中同时调查每个土地禀赋分区内农业活动的情况,具体包括土地利用率、土地利用类型、种植作物种类及岩石裸露率等。

岩石裸露率即石漠化率,前人设定宏观尺度的石漠化率范围为 0~100%,具体划分如下:一级 0~30%极轻度、二级 31%~50%轻度、三级 51%~70%中度、四级 71%~100%强度(王德炉等,2005;李月臣和杨华,2008)。本书根据实际情况略做调整,并将更加关注农户尺度的石漠化率。个别样本为紫红色砂岩而非碳酸盐岩，但是作为碳酸盐岩的夹层，其岩石裸露程度亦表现出类似的生态学意义，因此一并算为石漠化，而不失一般性，也完全符合本书的研究目的。

2.2.2 农户资料问卷调查

本节需要农户尺度的土地禀赋信息和经济行为资料，而现有的统计资料不能满足要求，因此需要通过问卷调查及实地测量获取。

1. 样本数量的确定

一般情况下，确定样本数量需要考虑调查的目的、性质、精度要求和实际操作的可行性，并且兼顾时间和经费的限制及参考实践经验（基钦和泰特，2006），而涉及空间因素的样本数量确定还需要考虑研究区的空间特性。

首先，确定抽样空间的范围。生态示范基地是一个技术扩散源，在这里将其作为一个点。根据地理学第一定律（Tobler，1970）和技术扩散衰减原理（Hagerstrand，1967），距离该扩散源越远采用新技术的农户应该越少。实际调查发现，生态示范基地 10 千米以外就很少有农户受到该基地影响了。因此将抽样范围定在以示范基地为圆心，半径在 10 千米的空间范围内。据了解，在研究区范围内大约有 800 户农户。

其次，确定抽样数量。大多数统计学教科书都给出样本规模的计算公式（韩义民，1988）。对于绝对数字的总体，计算公式为

$$n = \sigma^2 / \left(e^2 / Z^2 + \sigma^2 / N\right)$$

对于百分比数字的总体，则计算公式为

$$n = p(1-p) / \left[e^2 / Z^2 + p(1-p) / N\right]$$

其中，n 为样本数量；e 为允许的抽样误差；Z 为期望调查结果置信度对应的临界值；σ 为绝对数字总体的标准差；p 为百分比总体的精度；N 为总体单位数。

结合本书研究对象的特点，对于绝对数字的总体，假如希望估计总体的标准差 σ 为 1 000，样本平均误差 e 在±200 之间，调查结果在 95%的置信范围以内，其对应的临界值 Z 为 1.96，总体单位数 N 为 800，计算结果则为 n 等于 86 个；假如百分比总体的精度 p 取最大值 0.5，误差 e 在±0.05 之间，置信区间依然取 95%以内，总体单位数 N 为 800，计算结果则为 n 等于 260 个。

来自样本数量确定的经验表明样本数量并非多多益善（张勇，2008），利迪和奥姆罗德（2005）认为，一般的调查研究如果样本数量低于 100 个，就

不能提供足够的统计分析来检验假说，但也不是样本数量越多越好，因为样本数量越多则测试的敏感度就越高，模型就越不稳定，所以样本数量以100~200 个为宜，而如果总体数量低于 1 500 个，那么应该以总体中的 20%作为样本，若如此则本书研究的样本数量应该以 160 个为宜。风笑天（2005）根据现实调查的经验认为一个中小型社会调查的样本规模在 300 个左右，就足以满足常见的综合专题研究。

最后，根据上述计算结果并结合前人经验以及本书研究的目的和研究对象的数字特点，同时考虑到以往抽样失败率约为5%的经验，因此将本书研究的抽样数量确定为 280 个。

2. 问卷调查的具体步骤

采取自然-人文组合式取样方式，这是本节研究的探索性尝试，目的是找到自然与人文的契合点。通过对各土地禀赋分区内的农户随机发放问卷的方式，进行结构式问卷调查（structured interview）以获取资料，同时结合实际观测进行。问卷具体包括以下信息（见附录）。

Ⅰ.农户禀赋资料：（a）户主基本情况；（b）社会身份资料；（c）家庭经济状况；（d）家庭成员基本情况。

Ⅱ.外部环境资料：（a）技术环境；（b）市场风险；（c）融资环境；（d）制度政策环境。

Ⅲ.土地禀赋资料：（a）坡耕地与平坝田的面积；（b）耕地分散程度；（c）地块石漠化程度；（d）地质地貌条件。

Ⅳ.生态农业技术采用情况：（a）生态农业技术采用行为；（b）生态农业技术土地选择；（c）生态农业技术采用动机；（d）生态农业技术放弃原因。

农户经济资料限于既往一年期内。为保证样本充分代表总体，若抽中的农户不在家，改日再去，如最终见不到该农户则该样品作废，不做补充。最终样本采集于 2011 年 3~5 月完成，样本共 280 份，有效问卷 278 份。

2.3 研究方法与框架

2.3.1 研究方法

本书的研究需要借助大量地理学理论和方法。现代岩溶环境学家袁道先院士在不同场合曾提出三个著名的命题（袁道先等，2016）：一是为什么石漠化的研究和防治需要多种学科的综合；二是为什么岩溶石漠化的治理和恢复需要因地制宜；三是如何才能做到生态效益和经济效益的共赢？本书正是秉承该理念将社会科学与自然科学的相关门类的理论和研究范式相结合，从土地禀赋结构的独特视角探索实现多种效益共赢的石漠化防治路径。

本书不同于既往单一的人文社会学科或自然科学的研究，而是有地理的经济学和有经济的地理学。本书最大的特色是多学科的深度融合，将经济学、人文地理学、自然地理学及它们的诸多分支学科——农业技术经济学、区域土地利用学、岩溶环境学的理论与范式紧密结合，探索微观尺度上多学科交叉应用于一体的研究路径。

本节研究方法构想具有如下特色。

1. 打破农户尺度土地禀赋均质的假定

一直以来石漠化治理都强调因地制宜，然而彼"地"多指一个地区的土地自然禀赋，而将各农户承包地视为均质。本书之"地"则缩小到每个农户承包地的土地禀赋，将研究视角从既往文献重视的区域宏观尺度拉近到长期被忽视的农户微观尺度。为此探索性地从地理学的土地利用结构的视角来解析土地禀赋，将研究区土地禀赋的结构划分为坡耕地-平坝田组成的二元地貌结构、分散细碎地块组成的细碎空间结构以及石漠化程度不同地块组成的斑状质量结构。

2. 侧重于岩溶石漠化地区的生态农业技术传播的研究

关于农户采用农业新技术影响因素的研究文献非常丰富，但是关于农户采用生态农业技术影响因素的研究文献则较少，而关于在岩溶石漠化地区的农户采用生态农业技术影响因素的研究文献还未见到。本书研究成果有望为石漠化地区的生态建设做出特有的贡献。

3. 创新研究方法

一是数据获取方法的创新。本书将人文样本（农户经济资料）与自然样品（土地禀赋）统一捆绑式采集，问卷对象要求与承包地一一对应，自然数据和人文数据达到高度的统一。打破传统的孤立方法，实现自然-人文综合研究。长期以来，自然科学研究涉及经济数据往往只是参阅各种统计年鉴的一些统计数据，如收入水平、人均地区生产总值、人口密度等，但是这些统计数据往往受行政区划限制，难以深入农户的层次。经济学等社会科学有一个致命的缺陷，就是没有独立的环境变化的测试手段，往往利用环境部门的检测数据，如利用河流淤积量来替代水土流失，但这些数据都是较大范围的指标，难以与微观视角的农户经济行为相对应。本书采用统一捆绑式采集数据即可克服上述学科的缺陷。

二是自然-人文综合计量模型的建立。一直以来相关研究偏重定性描述而定量分析不足（黄秋昊等，2007），这是源于石漠化形成过程中人文因素与自然因素错综交替的复杂性，以及专门研究人才的知识结构无法达到交叉性科学问题的客观要求（冷疏影和宋长青，2005）。大部分文献即使定量研究也是计量经济学模型或计量地理学模型各自独立应用。本书将它们有机地结合为一体，探索建立多学科混合的综合模型，以期对后续研究者有一定的启示。

三是农户经济行为系统分析框架的构建。前人文献一般仅对农户经济行为的新技术采用的某个阶段进行分析，而本书对农户新技术采用行为的全过程，即采用意愿、采用决定、采用程度、采用方式和采用收益全过程的每个阶段的影响因素进行系统的分析。

2.3.2 研究框架

第一，以农户经济地理学相关理论为基础将土地利用结构作为切入点对土地禀赋进行解析。本书将土地禀赋的结构划分为二元地貌结构、细碎空间结构及斑状质量结构。在宏观尺度上考察土地禀赋的空间分异规律以及比较分析不同土地禀赋分区之间的形态、成因及农业经济活动的差异。涉及的相关理论有农业技术经济学、农户地理学、土地利用学、统一地理学、岩溶环境学，以及第四纪地貌学和景观生态学等。

第二，以农业技术经济学为基础在农户尺度上调查分析土地禀赋结构对农户采用生态农业技术行为的影响。土地禀赋对于农户来说是难以改变的外部环境，通过影响农户的费用约束进而影响农户对生态农业技术的选择行为。以农户决策理论为支撑将生态农业技术采用行为划分为采用意愿、采用决定、采用程度、采用方式和采用收益五个阶段，分别考察土地禀赋结构对它们的影响及其相互之间的联系。

第三，在研究的基础上总结生态农业技术在岩溶石漠化地区的传播规律，提出推进农户采用生态农业技术的政策改进与对策的建议。研究思路框架图如图 2-1 所示。

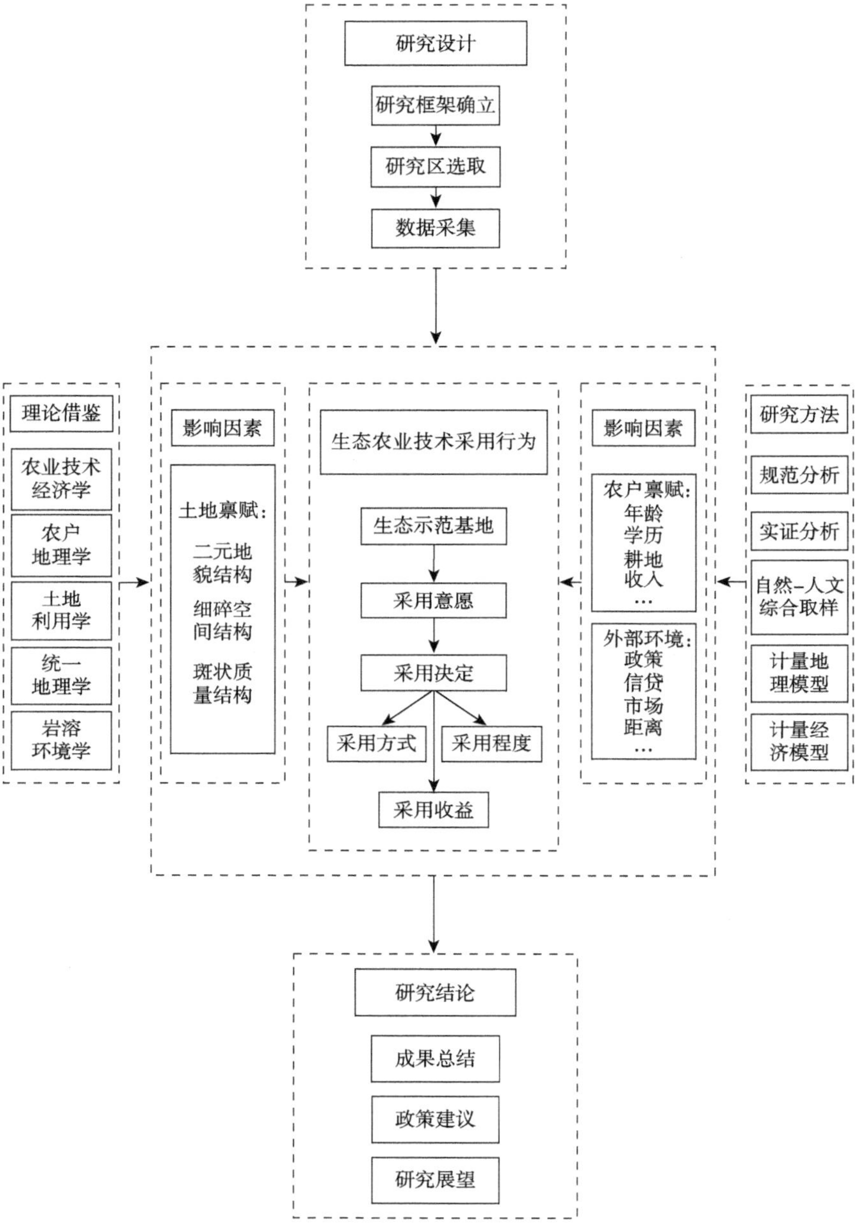

研究设计
研究框架确立
研究区选取
数据采集
理论借鉴
农业技术经济学
农户地理学
土地利用学
统一地理学
岩溶环境学
影响因素
土地禀赋:
二元地貌结构
细碎空间结构
斑状质量结构
生态农业技术采用行为
生态示范基地
采用意愿
采用决定
采用方式
采用程度
采用收益
影响因素
农户禀赋:
年龄
学历
耕地
收入
…
外部环境:
政策
信贷
市场
距离
…
研究方法
规范分析
实证分析
自然-人文综合取样
计量地理模型
计量经济模型
研究结论
成果总结
政策建议
研究展望

图 2-1　研究思路框架图

第 3 章 土地禀赋结构与区划

一般来说，在一定区域内影响农户经济行为的自然条件都是相似的，但是西南生态脆弱区自然条件的空间异质性较大，在农户活动范围内即有较大差异，因此研究生态脆弱区农户经济行为的影响因素时不应将自然条件假定为均一。生态脆弱性的度量一直是学术界的难题，本书在相关研究成果的基础上，结合研究区具体情况创立 3 个维度的土地禀赋结构，分别是二元地貌结构、细碎空间结构和斑状质量结构，并分别在宏观和微观的尺度上探索土地禀赋对农户经济行为的影响。

3.1 土地禀赋原理

3.1.1 土地禀赋的内涵及其结构类型

禀赋一词最早是专指人类先天具有的智力、体魄等素质及后天所获得的资源和能力，而用于自然事物则是指其所具有的本质特征和天然属性及社会属性。土地禀赋及耕地禀赋或农地禀赋的基本意义相同，是指土地具有的天然特性以及所处的自然环境和经济社会环境的总和。它可以分为自然禀赋和人文禀赋两部分。自然禀赋是包括地貌类型、空间位置、土壤肥力和气候条件等自然环境要素的组合；人文禀赋是包括土地制度、土地产权和地租等经济社会环境要素的组合。由此可见，土地禀赋是一个属于自然禀赋和人文禀赋高度综合的复合概念。

土地禀赋具有丰富的内涵，但在实际应用中侧重点却有很大的差异。大量文献中土地禀赋的含义等同于农业人口的人均占有耕地面积。田玉军等（2010）的定义涉及土地类型的层次，土地禀赋不仅包括人均耕地面积，还包括坡地面积、平地面积和水浇地面积。皮啸菲等（2010）则认为土地禀赋除了包含土地数量的含义以外，还包括土地类型在空间上的差异表现。田玉军等（2010）认为耕地破碎度也应该包含到土地禀赋之中，即将土地的空间分异纳入土地禀赋的内涵之中；另外，许多文献中土地禀赋的含义不仅包括耕地的数量，还包括耕地的质量（皮啸菲等，2010；吴泽斌等，2009），如有文献把土地禀赋笼统地用来表述耕地的可耕作条件（杜玉珍和魏东风，2010），即包含土地质量的含义。综上所述，土地数量是土地禀赋的首要含义，其次还包含土地类型、土地质量和空间分异等多个方面的内容。

本书基于系统学理论将土地禀赋结构定义为土地禀赋的构成及其相互关系，并尝试从土地利用结构的角度解析土地禀赋结构。土地利用结构分析法是属于地理学的新型分支学科——区域土地利用学中的重要研究范式，属于自然地理学和人文地理学高度交叉的边缘学科范畴，近年来越来越受到学界的关注。土地利用结构是一定区域内各种土地利用类型在数量和质量上的比例及空间上的布局（李超等，2003）。土地利用结构也可称为土地结构格局，是区域内各种土地类型的空间构型及其质与量的对比关系，综合反映土地类型分布与结构特征的差异和联系（刘胤汉，1987），反映人类活动作用于自然的结果。刘彦随（1999b）将土地利用结构归纳为土地数量结构、土地空间结构和土地质量结构三种基本结构形式。土地数量结构是指区域内同一级别的土地类型的数量关系；土地空间结构是指区域内各种土地类型的空间组合形式；土地质量结构是指区域内各种土地类型质量等级的构成及其比配关系。

研究土地禀赋对农户经济行为的影响，已涉及自然与人的关系。如何将土地禀赋进行定量化描述是一个具有挑战性的问题。由此可见，本书土地利用结构分析法的引入可以使土地禀赋的结构分析深入定量化的层次，具有探索性的意义。

本书不考虑居民用地、林地、工业用地等，因而严格来说是限定为农户的耕地利用结构，为同类研究对比方便，本书依然称其为土地利用结构。由于本书研究的是限定于小区域内土地禀赋对农户选择生态农业技术行为的影响，故不考虑气候等区域性自然因素，又由于研究区内海拔高度差距一般不到 200 米，故也不考虑海拔高度的因素。

土地禀赋在空间上分异规律的具体表现，也是区域农业发展条件地域差异的直观反映（刘彦随，1999b），因此土地禀赋结构也应该是农户技术选择的一种外部约束条件。土地禀赋结构宏观区划也叫土地禀赋分区，本章根据宏观尺度土地禀赋的结构、成因的相似性和区间的差异性等原则进行区域划分。每一分区中都具有该区域特有的土地禀赋结构、形态、成因和组合。土地禀赋区划对研究生态农业技术传播和农户经济行为具有重要意义。本书根据前人研究成果并结合研究区的特点将土地禀赋结构划分为坡地-平地组成的二元地貌结构、分散细碎地块组成的细碎空间结构及石漠化程度不同地块组成的斑状质量结构。

3.1.2 土地禀赋差异性形成机理

生态脆弱区在空间上可以表现出很大的异质性。不同等级的石漠化土地在空间上分布很不均匀，呈斑状分布，对其研究有赖于空间尺度的正确选择（李阳兵等，2006b）。研究石漠化的人类驱动力必须考虑不同的空间尺度（黄秋昊等，2007）。邵景安和李阳兵（2008）从乡村景观学的角度提出，农户尺度石漠化的空间形态是农户自主决策驱动力下的斑状地块，而非完整均一的石漠化景观。石漠化斑状景观形成的基础原因是自然地理环境的差异，但差异性的人类活动无疑也是重要原因。在宏观尺度上石漠化分布与岩性具有明显的相关性，但在小区域内石漠化与农户承包地又有紧密联系。因此石漠化防治政策的制定对象应该是农户，通过政策引导、技术扶持等手段改变农户对自家耕地的利用行为方式才是根本之道。

第一，石漠化的斑状景观主要来源于土地利用的破碎化。我国在1978年开始实行家庭联产承包责任制，当时出于公平的考虑，土地分配时兼顾土地肥力与地块位置的差异，实行好坏调剂、远近搭配。这种耕地分配方式直接导致农户经营耕地的细碎化（李建林等，2006），也导致农业生产效率的损失。这种土地利用细碎化加大空间异质性，给地段性生态环境带来压力。

第二，不同农户的个体差异也是石漠化斑状景观的重要原因。研究区的实际情况表明石漠化发生阶段也正是实行农村土地家庭联产承包责任制的时期。假定30年前农户承包土地之时，农户面对的是石漠化程度均一或为零的土地，那么区域森林被大量砍伐就是石漠化发生的共同背景，在农户差异性的驱动下石漠化程度逐渐产生显著的不同。

第三，既有的石漠化的测量多是采用市县级研究尺度，受行政单位制约较大，而且按行政单元进行的人文要素分析也无法与自然要素的定量分析相匹配，很难从真正意义上厘清石漠化的驱动机制。绝大部分文献是利用遥感影像在地理信息系统操作平台上采取人机交互解译获取土地利用/土地覆盖变化信息，并结合相应的各种地质图件，得出各个市县的石漠化面积比率，同时利用统计资料中的诸多经济社会指标进行各种统计分析。然而，土地承包后不同的农户作为独立个体面对的是分布零散的土地。在石漠化明显发生的三十多年来，全市县农户并没有作为集体对山地进行整体活动，因而市县级尺度的石漠化难以与驱动主体——农户的经济活动相对应，因此很可能抹杀石漠化驱动个体的差异，掩盖重要的人为因素的作用。

第四，国际上关于石漠化的研究也已由早期的单纯侧重岩溶地质成因研究转变为开始关注人类活动因素的研究（任海，2005）。前人研究人类活动的石漠化效应多局限于最表象的土地利用，而对与土地利用紧密联系的其他类型的人类活动缺乏关注，并且多集中在整体的人类活动上，缺乏对微观的活动主体的界定和解析。另外，生态治理一直是自然地理学关注的内容。陆大道（2002）指出，现代自然地理学必须考虑人类的活动，应该是统一地理学、有人的地理学，不能过分专业化。李吉均（1999）提出，地理学将研究重点放在人类活动造成的智能圈的耦合与联动上。只有深入认识导致石漠化的自然因素和人文因素，打破恶性循环的关键环节，才有利于生态重建，避免大规模生态重建的盲目性并降低其风险性（王世杰等，2003）。

综上所述，石漠化形成的人为驱动主体是农户，而驱动对象则是农户承包地。正是差异化的人类驱动力导致在生态脆弱区土地禀赋自然差异性的基础上又叠加人为的空间差异性。这个差异性对农户主动参与生态治理应该有重要的影响作用。

3.2 土地禀赋结构宏观区划

3.2.1 土地禀赋的二元地貌结构区划

地貌组合是指由两个及其以上的地貌单个形态组合而成的地貌形态（田明中和程捷，2009），不同类型小地貌的组合造就多种多样的农业生产组合（穆桂春和刁承泰，1988）。研究区地貌形态主要为岩溶低山地貌，依据研究区土地农业利用的特点将研究区的土地划分为坡地和平地两种地貌形态，这两种地貌形态的组合形成土地禀赋的二元地貌结构。

前人研究中的地貌结构区划多以地貌形态为标准，而本书则以量化指标进行探索性的划分。按坡地面积的比重将二元地貌组合划分为五等分，坡地比重0~20%为Ⅰ级；坡地比重21%~40%为Ⅱ级；坡地比重41%~60%为Ⅲ级；坡地比重61%~80%为Ⅳ级；坡地比重81%~100%为Ⅴ级。根据研究精度将分辨率设定为0.01平方千米，小于0.01平方千米的分区忽略不计。由于研究区内Ⅱ级和Ⅲ级两种分区的土地连续面积均不超过0.01平方千米，而且两者交织在一起，小于本书研究的分辨率，因而合并为一个Ⅱ-Ⅲ级分区（图3-1）。

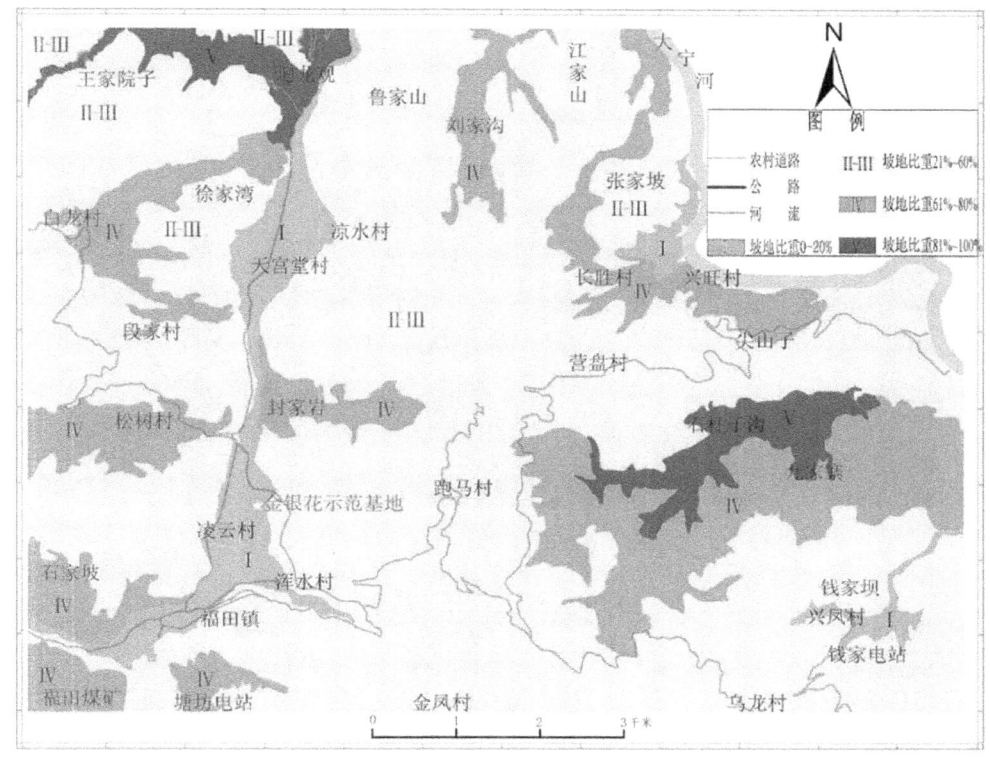

图 3-1　福田镇土地禀赋的二元地貌结构分区示意图

1. 土地禀赋二元地貌结构Ⅰ级分区

图 3-1 为福田镇土地禀赋的二元地貌结构分区示意图。研究区内坡地比重为 0~20% 的Ⅰ级区，主要分布在福田镇—天宫堂村一带及钱家坝兴凤村一带。福田镇—天宫堂村Ⅰ级区长约 8 千米，宽小于 2 千米，呈近南北向条带状展布；钱家坝兴凤村Ⅰ级区呈不规则的山间盆地形态，长径 1 千米左右。地貌形态表现为山间大型冲积平地和河流沟谷两侧冲积平地，总面积为 5.16 平方千米，占研究区总面积的 4.8%。福田镇—天宫堂村一带海拔高度为 180~350 米，钱家坝兴凤村一带海拔高度为 480 米左右，由北向南海拔高度有渐高的趋势。该区没有古老地层出露，只有第四系黄色黏砂土，土壤厚度小于 10 米（四川省地矿局南江水文地质大队，1981）。

图 3-2 为Ⅰ级区的景观形态，该区地形最为平坦，坡度小于 5°，是农业生产和居民居住的主要利用地，农作物种类丰富，主要为小麦、水稻、蔬菜、柑橘等。如表 3-1 所示，土地利用率达 90.5%，金银花种植面积为 0.1 平方千米，占该分区的面积比为 1.9%。

图 3-2　二元地貌结构 I 级区景观（摄于凉水村）

表 3-1　福田镇二元地貌结构分区及其农业利用

各分区指标	I 级区	II-III 级区	IV 级区	V 级区
坡地面积比重	0~20%	21%~60%	61%~80%	81%~100%
面积/平方千米	5.16	80.00	19.02	4.03
占总面积比	4.8%	73.9%	17.6%	3.7%
海拔高度/米	180~350	400±	500±	400~600
出露地层	无	细晶灰岩、泥质灰岩及紫色泥质细砂岩	细晶灰岩、泥质灰岩少量泥质粉砂岩	细晶灰岩
上覆土壤类型	黄色黏砂土	黄色黏砂土、紫色砂黏土	黄色黏砂土	黄色黏砂土
土壤厚度/米	<10	<5	<3	<1
土地利用率	90.5%	72.1%	23.4%	7.7%
金银花种植面积比	1.9%	2.0%	0	0

2. 土地禀赋二元地貌结构 II-III 级分区

如图 3-1 所示，研究区坡地比重为 21%~60% 的 II-III 级区分布在福田镇广大地区，从表 3-1 中得知，总面积为 80.00 平方千米，占研究区总面积的 73.9%。海拔高度一般为 400 米左右。图 3-3 为 II-III 级区的景观形态，该区地形变化大，地貌形态为低山或低山丘陵，坡度为 5°~30°，一般为 18°左右。出露地层主要为三叠系嘉陵江组（T_1j）的细晶灰岩和巴东组（T_2b）的泥质灰岩及紫色泥质细砂岩夹层。岩层倾向偏南，倾角 20°左右，上覆土壤主要为第四系黄色黏砂土或紫色砂黏土，土壤厚度小于 5 米。

图 3-3　二元地貌结构 II-III 级区景观（摄于跑马村）

如表 3-1 所示，II-III 级区的土地利用率达 72.1%，主要种植玉米、红薯、水稻和小麦等作物。金银花种植总面积为 1.61 平方千米，占该分区的面积比为 2.0%。

3. 土地禀赋二元地貌结构 IV 级分区

如图 3-1 所示，研究区坡地比重为 61%~80% 的 IV 级区主要分布在福田镇西部和东部大部分地区，从表 3-1 中得知，IV 级区总面积 19.02 平方千米，占研究区总面积的 17.6%。该区海拔高度一般为 500 米左右，属于低山地貌，出露地层主要为三叠系嘉陵江组（T_1j）的细晶灰岩和巴东组（T_2b）的泥质灰岩及少量泥质粉砂岩，倾向偏南，倾角 20° 左右，上覆土壤为第四系黄色黏砂土，厚度小于 3 米。

图 3-4 为 IV 级区的景观形态，山体较为陡立，坡度一般为 30° 左右。如表 3-1 所示，IV 级区土地利用率为 23.4%，农作物主要为玉米和红薯，大部分为林地和荒地，该区没有种植金银花。

4. 土地禀赋二元地貌结构 V 级分区

如图 3-1 所示，研究区坡地比重为 81%~100% 的 V 级区主要分布在福田镇东部的石柱子沟和西北部的迴龙观一带，近东西向展布，从表 3-1 中得知，V 级区总面积 4.03 平方千米，占研究区总面积的 3.7%。海拔高度一般为 400~600 米，属于低山地貌，该区峭壁陡立，林木茂密，出露地层主要为三叠系嘉陵江组（T_1j）的细

图 3-4 二元地貌结构Ⅳ级区景观（摄于九家寨）

晶灰岩，岩层倾向偏南西，倾角 20°左右，上覆土壤为第四系黄色黏砂土，厚度小于 1 米。

图 3-5 为 V 级区的景观形态，坡度一般为 40°以上，局部甚至达到将近 90°。如表 3-1 所示，V 级区土地利用率为 7.7%，大部分为林地，局部种植玉米和红薯，该区没有种植金银花。

图 3-5 二元地貌结构Ⅴ级区景观（摄于石柱子沟）

3.2.2 土地禀赋的细碎空间结构区划

研究区的土地往往表现为由空间分散、互不相邻且有可能分属不同主人的地块组成，即形成土地禀赋的细碎空间结构。土地细碎程度以每亩（1 亩 ≈ 666.67 平方米）地块数量来衡量。将土地细碎结构作五等分，大片完整的土地为Ⅰ级；比较完整为Ⅱ级，每亩地块数量低于 5 块；中等细碎为Ⅲ级，每亩地块数量小于 10 块；比较细碎为Ⅳ级，每亩地块数量在 20 块左右；极细零碎为Ⅴ级，每亩地块数量 30 块左右。分辨率为 0.01 平方千米，小于 0.01 平方千米的分区忽略不计。由于研究区内Ⅳ级和Ⅴ级分区面积大多小于分辨率且交错混杂不易区分，故一并处理为Ⅳ-Ⅴ级区。

1. 土地禀赋细碎空间结构Ⅰ级区

图 3-6 为福田镇土地禀赋的细碎空间结构分区图。研究区大片完整土地的Ⅰ级区主要分布在福田镇—天宫堂村一带及钱家坝兴凤村一带，总面积为 3.30 平方千米，占研究区总面积的 3.0%。福田镇—天宫堂村Ⅰ级区呈近南北向狭长带状展布，长约 6 千米，宽 2 千米左右，而钱家坝兴凤村Ⅰ级区也为不规则的山间盆地，长径小于 1 千米。该区只有第四系黄色黏砂土，没有古老地层出露，土壤厚度不超过 10 米（四川省地矿局南江水文地质大队，1981）。

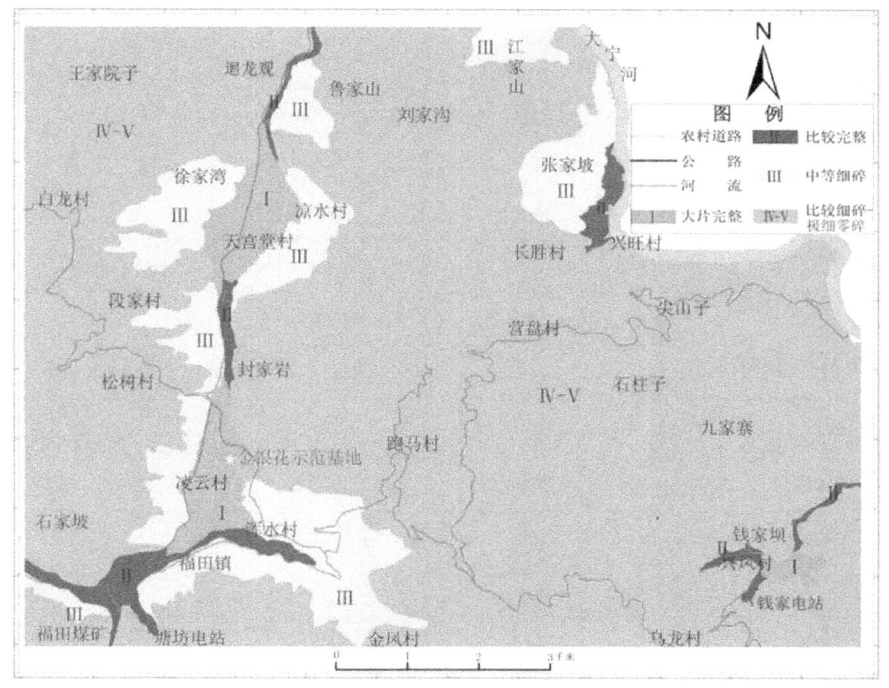

图 3-6 福田镇土地禀赋的细碎空间结构分区图

图 3-7 为 I 级区的景观形态,土地平坦、耕地大片完整。如表 3-2 所示,土地利用率达 91.5%,主要种植水稻、小麦、棉花和柑橘等作物。金银花种植总面积为 0.1 平方千米,占该分区的面积比为 3.0%。

图 3-7　细碎空间结构 I 级区景观(摄于凌云村)

表 3-2　福田镇细碎空间结构分区及其农业利用

各分区指标	I 级区	II 级区	III 级区	IV - V 级区
每亩地块数量/(块/亩)	0~5	5~10	20±	30±
面积/平方千米	3.30	2.33	11.79	90.79
占总面积比	3.0%	2.2%	10.9%	83.9%
海拔高度/米	180~280	160~350	220~480	600~800
出露地层	无	几乎无	细晶灰岩、泥质灰岩	细晶灰岩、泥质灰岩、紫色泥质细砂岩
上覆土壤类型	黄色黏砂土	黄色黏砂土	黄色黏砂土	黄色黏砂土、紫色砂黏土
土壤厚度/米	<10	<8	<3	<1
土地利用率	91.5%	81.4%	66.2%	31.5%
金银花种植面积比	3.0%	11.6%	11.3%	0

2. 土地禀赋细碎空间结构Ⅱ级区

如图3-6所示,研究区土地比较完整的Ⅱ级区主要分布在福田镇西和北部、封家岩、迴龙观以及钱家坝一带的山间缓坡地带及兴旺村的江边冲积缓坡地带,总面积为2.33平方千米,占研究区总面积的2.2%。福田镇西一带海拔高度为350米左右,天宫堂村一带海拔高度为220米左右,兴凤村一带海拔高度为300米左右,兴旺村一带海拔高度为160米左右,由北向南海拔高度有渐高的趋势。该区几乎没有古老地层出露,只有第四系黄色黏砂土,土壤厚度小于8米(四川省地矿局南江水文地质大队,1981)。

图3-8为Ⅱ级区的景观形态,地块较完整,每亩地块数量不超过10块。土地也较为平坦。如表3-2所示,土地利用率达81.4%,主要种植水稻、小麦、蔬菜等作物。金银花种植总面积为0.27平方千米,占该分区的面积比为11.6%。

图3-8　细碎空间结构Ⅱ级区景观(摄于浑水村)

3. 土地禀赋细碎空间结构Ⅲ级区

如图3-6所示,研究区中等细碎的Ⅲ级区主要分布在福田镇、天宫堂村一带的周边山地和大宁河西岸边的山地,总面积为11.79平方千米,占研究区总面积的10.9%。金凤村一带海拔高度为370~480米,凉水村、徐家湾一带海拔高度为220~350米,张家坡一带海拔高度为260米左右,由北向南海拔高度有渐高的趋势。

出露地层主要为三叠系嘉陵江组（T_1j）的细晶灰岩和巴东组（T_2b）的泥质灰岩等。岩层倾向偏南，倾角 20°左右，上覆土壤主要为第四系黄色砂黏土，土壤厚度小于 3 米。

图 3-9 为Ⅲ级区的景观形态，每亩地块数量较多，可达每亩 20 块左右。地块之间土壤厚度不均，一般为 0.3~2.5 米。如表 3-2 所示，土地利用率为 66.2%，主要种植蔬菜、红薯、玉米等作物，金银花种植总面积为 1.33 平方千米，占该分区的面积比为 11.3%。

图 3-9 细碎空间结构Ⅲ级区景观（摄于福田镇北）

4. 土地禀赋细碎空间结构Ⅳ-Ⅴ级区

如图 3-6 所示，研究区比较细碎至极细零碎的Ⅳ-Ⅴ级区分布在福田镇广大地区，总面积为 90.79 平方千米，占研究区总面积的 83.9%。由北向南海拔高度逐渐由 600 米左右过渡到 800 米左右。出露地层主要为三叠系嘉陵江组（T_1j）的细晶灰岩和巴东组（T_2b）的泥质灰岩及紫色泥质细砂岩夹层。岩层倾向偏南，倾角 20°左右，上覆土壤主要为第四系黄色黏砂土或紫色砂黏土，土壤厚度小于 1 米。

图 3-10 为Ⅳ-Ⅴ级区的景观形态，每亩地块数量极多，可达 30 块左右。地块之间为石漠化岩石所分隔，地块间土壤厚度变化极大。如表 3-2 所示，土地利用率为 31.5%，主要种植红薯、玉米等作物，没有种植金银花。

图 3-10　细碎空间结构Ⅳ-Ⅴ级区景观（摄于乌龙村）

3.2.3　土地禀赋的斑状质量结构区划

石漠化程度不同的斑状地块组成土地禀赋的斑状质量结构。依据石漠化率的大小将土地禀赋的斑状质量结构划分为五个等级，石漠化率 0~20%为Ⅰ级；石漠化率 21%~40%为Ⅱ级；石漠化率 41%~60%为Ⅲ级；石漠化率 61%~80%为Ⅳ级；石漠化率 81%~100%为Ⅴ级。分辨率为 0.01 平方千米，小于 0.01 平方千米的分区忽略不计。由于研究区中石漠化率大于 61%的土地很少，而且连续面积均不超过 0.01 平方千米，故斑状质量结构分区中Ⅳ级区和Ⅴ级区缺失。

1. 土地禀赋斑状质量结构Ⅰ级区

如图 3-11 所示，福田镇土地禀赋斑状质量结构的Ⅰ级区主要分布在福田镇—天宫堂村一带及钱家坝兴凤村一带，呈南北向带状。如表 3-3 所示，该区面积为 5.49 平方千米，占研究区总面积的 5.1%。福田镇—天宫堂村一带海拔高度为 180~360 米，钱家坝兴凤村一带海拔高度约为 480 米，兴旺村一带海拔高度约为 160 米，由北向南地势渐高。该区出露地层为第四系黄色黏砂土，厚度不超过 10 米（四川省地矿局南江水文地质大队，1981）。

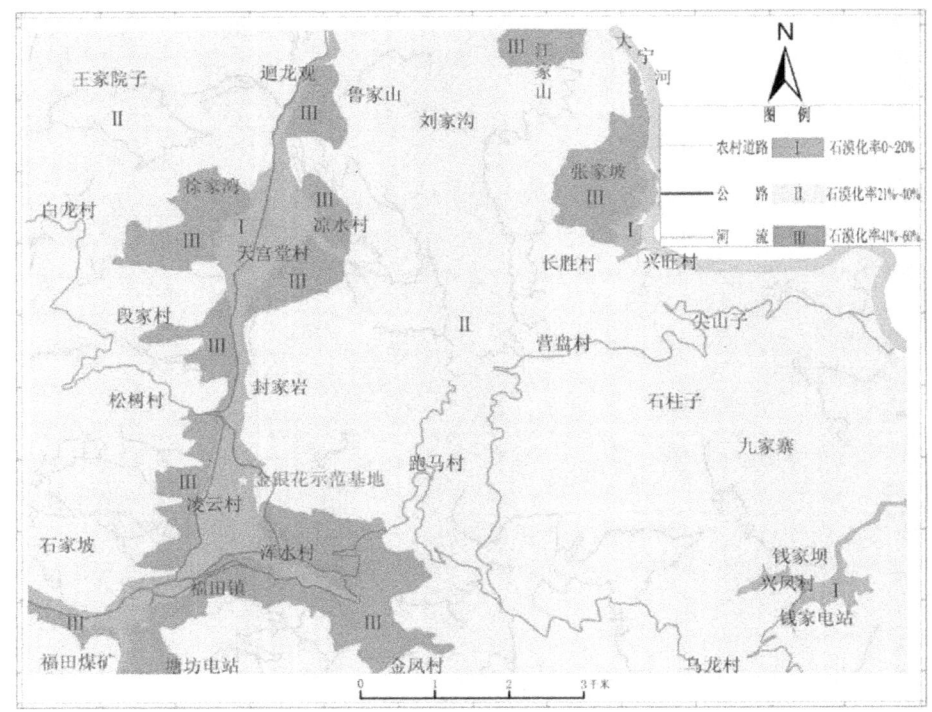

图 3-11 福田镇土地禀赋的斑状质量结构分区示意图

表 3-3 福田镇斑状质量结构分区及其农业利用

各分区指标	Ⅰ级区	Ⅱ级区	Ⅲ级区
石漠化率	0~20%	21%~40%	41%~60%
面积/平方千米	5.49	91.20	11.52
占总面积比	5.1%	84.3%	10.6%
海拔高度/米	180~350	600~800	220~480
出露地层	细晶灰岩	细晶灰岩、泥质灰岩及紫色泥质细砂岩	细晶灰岩、泥质灰岩
上覆土壤类型	黄色黏砂土	黄色黏砂土、紫色砂黏土	黄色黏砂土
土壤厚度/米	<10	<3	<1
土地利用率	90.5%	31.5%	66.2%
金银花种植面积比	6.7%	1.5%	0

图 3-12 为斑状质量结构Ⅰ级区的景观形态，地形平坦，为山间平地，土壤厚度很大，没有石漠化发生。如表 3-3 所示，土地利用率达 90.5%，主要种植水稻、小麦、棉花和柑橘等作物。金银花种植总面积为 0.37 平方千米，占该分区的面积比为 6.7%。

图 3-12 斑状质量结构 I 级区景观（摄于天宫堂村）

2. 土地禀赋斑状质量结构 II 级区

如图 3-11 所示，福田镇土地禀赋的斑状质量结构的 II 级区主要分布在福田镇的广大地区，面积为 91.20 平方千米，占研究区总面积的 84.3%。由北向南海拔高度逐渐由 600 米左右过渡到 800 米左右。出露地层主要为三叠系嘉陵江组（T_1j）的细晶灰岩和巴东组（T_2b）的泥质灰岩及紫色泥质细砂岩夹层。岩层倾向偏南，倾角 20°左右，上覆土壤主要为第四系黄色黏砂土或紫色砂黏土，土壤厚度小于 3 米。

图 3-13 为斑状质量结构 II 级区的景观形态，相邻的三块耕地的石漠化程度截然不同，也分属不同的主人，总体石漠化率为 21%~40%，但局部石漠化率变化幅度达 0~75%。如表 3-3 所示，土地利用率为 31.5%，主要种植玉米、红薯等。金银花种植总面积为 1.33 平方千米，占该分区的面积比为 1.5%。

3. 土地禀赋斑状质量结构 III 级区

如图 3-11 所示，福田镇土地禀赋斑状质量结构的 III 级区主要分布在福田镇、天宫堂村周边和张家坡一带的山地，面积为 11.52 平方千米，占研究区总面积的 10.6%。金凤村一带海拔高度为 370~480 米，凉水村、徐家湾一带海拔高度为 220~350 米，张家坡一带海拔高度为 260 米左右，由北向南海拔高度有渐高的趋势。出露地层主要为三叠系嘉陵江组（T_1j）的细晶灰岩和巴东组（T_2b）的泥质灰岩。岩层倾

图 3-13　斑状质量结构Ⅱ级区景观（摄于长胜村）

向偏南，倾角 20°左右，上覆土壤主要为第四系黄色黏砂土，土壤厚度小于 1 米。

图 3-14 为斑状质量结构Ⅲ级区的景观形态，石漠化严重而且零碎的地块之间石漠化程度的变化幅度也较大，一般在 50%左右。如表 3-3 所示，土地利用率达 66.2%，农业活动密集，种植作物主要为玉米、红薯等，没有种植金银花。

图 3-14　斑状质量结构Ⅲ级区景观（摄于徐家湾）

3.3 宏观土地禀赋结构与农户经济行为

本章从土地利用结构的视角将研究区土地禀赋结构划分为坡地-平地组成的二元地貌结构、分散细碎地块组成的细碎空间结构以及石漠化程度不同地块组成的斑状质量结构。在土地禀赋结构划分的基础上在宏观尺度上对福田镇的土地禀赋结构进行区域性的区划，分别做出三幅土地禀赋的结构区划图，并附上表现各种土地禀赋特征的典型照片，同时分别计算各个分区的面积和占比。另外，根据实际调查数据计算土地利用率和各区金银花的种植面积比，并列举其他相关特征要素。结果表明，土地禀赋的结构区划具有自然与人文的双重意义，建立研究区土地禀赋的宏观认识，为对土地禀赋进一步的微观结构分析打下基础。

（1）二元地貌结构的Ⅰ级区、细碎空间结构的Ⅰ级区和斑状质量结构的Ⅰ级区、Ⅱ级区几乎都分布在大型山间平地和河流沟谷两侧。由于上覆第四系堆积物较厚，这个区域土地禀赋的生态环境最好，没有石漠化发生或者程度很低，农业活动也最密集。

（2）研究区分布最广的是二元地貌结构Ⅱ-Ⅲ级区、细碎空间结构的Ⅲ级区和斑状质量结构的Ⅱ级区，这三个分区有很大一部分重叠。这表明坡地比例中等的土地细碎程度较大，石漠化程度较高，而且土壤厚度也较薄。这说明在该类土地禀赋的条件下人类活动普遍较强。

（3）对于山坡地貌形态，越接近人口密集区斑状质量结构的区划级别越高，表明人类活动是石漠化的主要原因。

（4）金银花种植多集中在平坝比例高、土地较为细碎、石漠化中等程度的土地上，即金银花种植选择的土地禀赋是属于生态环境良好到中等的区域，而生态环境恶化的土地反而没有金银花种植。这对石漠化的治理和生态恢复构成严峻的挑战。

（5）土地禀赋宏观结构区划与研究区土地利用、农作物分布、生态作物种植表现出多重的关联，因而农户尺度的土地禀赋结构与农户经济行为的关联值得进一步研究。

第4章 农户经济行为影响因素

农户经济行为受到诸多因素影响，分析这些影响因素有助于我们改进农户的经济行为。这些影响因素包括自然因素、外部环境因素和农户禀赋因素。自然因素是农业活动的基础影响因素，本章将在农户活动的微观尺度上以土地禀赋结构的视角进行分析；外部环境因素是农户所处区域的各种经济社会环境的总和；农户禀赋因素是农户所具有的自身能力和拥有的条件。

4.1 土地禀赋结构的微观特征与农户经济行为

现行的生态农业技术推广政策尽管都是因地制宜制定的，而且也取得很大的成效，但是政策的制定和执行多是从一个区域的土地禀赋考虑的，而未能考虑农户尺度的土地禀赋差异。例如，退耕还林坡地的布局、适宜石漠化地区生态农业技术的选择、产业结构的转型等政策的制定仅考虑区域自然条件、土壤性质和产业化需要等，而没有充分考虑农户之间土地禀赋结构的差别。本书土地禀赋的结构类型为坡耕地-平坝田组成的二元地貌结构、分散细碎地块组成的细碎空间结构以及石漠化程度不同地块组成的斑状质量结构。本章将在第3章土地禀赋结构宏观尺度区划的基础上进一步探讨农户微观尺度上土地禀赋的结构特点和成因，并在此基础上分析其对农户经济行为的影响。

4.1.1 地貌形态与二元地貌结构

地貌是构成自然环境的主导因素，是人类赖以生存、生产的最重要的基本条件之一。地貌不但影响自然环境中的水文、气候、土壤等要素的空间分布及演化，而且直接或间接地制约着社会和经济的发展，尤其对农业生产具有最直接的影响。

前人研究多侧重宏观地貌对农业生产的影响，而忽略微观地貌对农业生产的影响,并且也缺乏有效的研究手段。本章试图以农户尺度的微观地貌结构研究地貌对农户经济行为的影响。

1. 研究区宏观地貌概况

重庆市位于四川盆地东部边缘、大巴山前缘和鄂西山地的接壤地带,其地貌特征明显受地质构造控制,山脉走向呈近东西向或北东—南西向展布。自燕山运动第二幕之后,长期处于间歇性的隆起上升,受到长江及其支流水系的强烈侵蚀切割,地貌类型丰富,并且岩溶地貌发育,各种次一级的岩溶地貌叠置在高一级的地貌之中。

根据《重庆地理》(陈升琪,2003)可知,重庆市宏观地貌形态共有中山、低山、丘陵、台地、平原5大类,其中,中低山面积占全市总面积的四分之三以上。巫山县的地貌大类分区属于渝东南巫山—七曜山强岩溶化峡谷中山区,地貌类型主要为脊状岩溶低山沟谷,南部有少量峰丛洼地,西部有少量枝状岭脊中山。

福田镇主要地貌形态为浅中切割脊状岩溶低山沟谷(图4-1),属于溶蚀侵蚀类型地貌。山呈脊状,东北—南西向展布,由三叠系巴东组泥质灰岩及泥质页岩和砂岩夹层组成。山形较为陡峻,河流两侧长条状谷地发育。山脊高程一般为500~900米,相对切割深度为200~500米,平均侵蚀切割密度为0.766~1.183千米/千米^2。

图4-1 脊状岩溶低山沟谷地貌综合素描图
引自四川省地矿局南江水文地质大队(1981),有修改

研究区南部有少量深中切割岭脊型峰丛洼地(图4-2),属于溶蚀类型地貌。山呈长条状岭脊展布,主要由下三叠系碳酸盐岩层组成。洼地分布于峰丛间,规模大小不等,形状多样。峰顶高程为850~2007米,峰丛基座相连,封顶呈浑圆状

和圆锥状,相对高度 50~100 米。相对切割深度为 600~1 500 米,平均侵蚀切割密度为 0.546~0.682 千米/千米^2。

图 4-2　岭脊型峰丛洼地地貌综合素描图
引自四川省地矿局南江水文地质大队（1981），有修改

研究区西部有少量浅中切割枝状岭脊中山（图 4-3），属于剥蚀侵蚀类型地貌。山脊呈枝状,主要由三叠系须家河组砂岩、泥岩组成。山坡陡峻强烈切割形成枝状岭脊中山,由于横向河流深切,树枝状沟谷发育。山顶高程一般为 1 000~1 300 米,相对切割深度为 400~1 000 米,平均侵蚀切割密度为 1.075 千米/千米^2（四川省地矿局南江水文地质大队，1981）。

图 4-3　枝状岭脊中山地貌综合素描图
引自四川省地矿局南江水文地质大队（1981），有修改

2. 研究区微观地貌分析

在上述宏观的岩溶地貌之中各种次一级的岩溶微观地貌叠置于其中。依据地

貌形态可以将研究区微观地貌划分为山地与平地两大类。如此分类的目的是研究微观地貌对人类农业活动的影响。

研究区山地的坡度一般为5°~30°，主要由三叠系碳酸盐岩和碎屑岩夹层组成，上覆厚度不均一的第四系松散堆积物，一般小于1米。农户利用山坡上的土壤开垦，形成山区常见的坡耕地，坡耕地也是石漠化的发生地。

平坝田为山间相对平缓的地形，一般发育有较厚的第四系松散堆积物，农户常用来作为稻田耕作。根据其面积大小可以将平坝田分为岩溶谷地、岩溶洼地和岩溶平坝三大类。

最大型的是岩溶谷地，为山间最大型的平地地貌，呈不规则条带状展布，为常年溪流或季节性河流冲积形成。谷地宽度为0.3~2千米，长2~8千米。谷地常有基岩出露，个别中有落水洞发育，底部起伏不平，多覆盖第四系堆积物。

中等的岩溶洼地，为山间中等型的平地地貌。洼地底部形态呈圆形、椭圆形或长条形。洼地四周被溶峰或溶丘环抱，相对高差50~200米。洼地大小不一，一般宽50米左右，长50~100米。底部平坦。洼地边坡较陡，多数基岩裸露。洼地底部有第四系黄褐色砂黏土覆盖，厚度因地而异，一般小于10米。

最小型的是岩溶平坝，为山间最小规模相对较平坦的平地。平坝环绕山间，呈环状或条带状，形状不一，长宽为数米至数十米。基岩很少完全裸露，堆积有第四系砂黏土，厚度较薄。山地与山间的各种平地在空间上的有序组合，构成土地利用类型的垂直差异，形成农业生产的立体布局。

3. 研究区二元地貌结构与农户经济行为

研究区土地利用方式丰富，主要有耕地、园地、林地和草地。依据研究区微观地貌类型和经济用途可以将农户耕地的土地利用类型分为坡耕地和平坝田两大类，即土地禀赋的二元地貌结构。图4-4为二元地貌结构的景观形态，坡耕地分布于山坡之上，平坝田则分布于平地之上。小型平坝田环绕于坡耕地底部或零星分布于小型山间盆地之间。坡耕地水土贫瘠，土壤厚度一般为0~1米，是石漠化的发生地，生产条件差，多种植玉米和红薯，属于粗放经营；平坝田水土肥沃，生产条件优良，没有石漠化问题，多种植水稻，属于集约经营。这种土地利用的二元地貌结构有可能促进家庭内部分工，历来理论研究偏重劳动分工而忽视劳动对象——土地的分工。西南地区常见的土地分工表现为留守劳动力精心耕作平坝田以保证口粮供应，而粗放耕作坡耕地仅解决饲料问题。这种土地的分工形成一种劳动节约型配置，使得剩余劳动力可以外出务工，从而有利于家庭收入达到最大化，反过来又进一步巩固这种土地禀赋结构，相当于一个收入保险机制。这也正是西南地区土地利用类型长期稳定的原因之一，但也正因为由此造成的生态环境问题的日益严重，故属于一种初始的无效稳定。如果初始稳定状态难以打破，则生态农业技术就难以在易发生石漠化的坡耕地扩散和推广。因此若使劳动力重新配置到坡耕地用于栽种具有经济效益的生态作物，则土地禀赋的二元地貌结构所产生的影响值得深入研究。

图 4-4　二元地貌结构综合素描图

文献中关于地貌类型对技术扩散的影响早有关注，但是对于农户尺度的承包地的微观地貌类型很少关注，而且对于农户尺度地貌类型的数量关系更是很少有文献涉及。本书以农户承包地的坡耕地与平坝田的面积比来衡量二元地貌结构，为了叙述方便，简称其为坡坝比。

4.1.2　地质构造与细碎空间结构

1. 研究区地质构造概况

西南岩溶生态系统受到各种地质条件制约。研究区位于近东西向的大巴山复式褶皱带与北东向川东复式褶皱带的交接复合部位，地质构造较复杂。研究区断裂不发育，但是裂隙较发育，均以横向和纵向两组张性裂隙为主，而剪切裂隙不太发育。裂隙密度在空间上极不均一，不同构造体系、不同构造部位、不同岩性的裂隙密度均不相同。大巴山复式褶皱带平均裂隙率为 2.22%，川东复式褶皱带平均裂隙率为 1.512%；构造复合部位或褶皱轴部裂隙发育较强烈,可达 3%以上,而远离构造复合部位或褶皱两翼则裂隙发育急速降低;脆性较强的碳酸盐岩类岩石平均裂隙率高达 3.73%,而砂岩平均裂隙率仅为 1.8%(四川省地矿局南江水文地质大队,1981)。因此研究区的裂隙发育程度在空间上极不均衡,变化很大。

2. 研究区细碎空间结构与农户经济行为

研究表明,碳酸盐岩中酸不溶物的含量越高,风化土壤的厚度就越大,并且岩石的裂隙度越大,风化土壤的厚度也越大。本研究区碳酸盐岩的岩性差异并不很大,因而岩石裂隙的发育程度对岩溶风化形成土壤厚度的影响就更为明显。这些土壤属于第四系黏土或碎块土石堆积,由于裂隙发育程度在空间上极不均衡,岩溶化作用的发生强度也不均一,最终造成岩石上覆土壤的厚度在空间上差异很大。厚度相对较大的土壤显然其农业耕作条件要更加优良,而且厚度不均且贫瘠相异的土地在空间上不一定相连,地块之间常有裸露的岩石间隔,此即土地细碎化的自然基础原因。

研究区在实行家庭联产承包责任制土地分配的时候采用的是肥沃土地与贫瘠土地搭配、地块位置远与近调剂的原则。这样在土地自然状态差异的基础上又叠加农户差异化的劳动,进一步导致土地的细碎化(李建林等,2006;兰安军等,2003;谭淑豪等,2003)。由于土地家庭承包制均分土地,我国农村耕地普遍细碎化。但是,由于重庆市岩溶山区构造裂隙在空间上的巨大变化,重庆市农村耕地比其他省区市更加细碎化。

图 4-5 为细碎空间结构的景观形态,土地细碎化意味着农户的土地由空间分散、互不相邻、面积不大并有可能分属不同主人的地块组成。林毅夫(2008)、孔祥智等(2004)、Khanna(2001)研究认为,土地经营规模是影响农户采用农业技术的重要因素。现有的家庭联产承包责任制其实阻碍规模经济技术的应用,普遍认为耕地细碎化会造成农业效率损失。有研究表明,土地细碎化对粮食生产率有显著的负面影响。如果不采取行动,我国耕地细碎化将在长时间内持续,这会成为我国农业生产成本居高不下的主要原因之一,并且成为农业生产率提高的障碍。

学界对于土地细碎化的观点也颇具分歧,有研究结论表明耕地细碎化与生产率为正的关系(Berry and cline,1979),因为耕地细碎化有利于传统农户发挥精耕细作的比较优势(李谷成等,2008)。Bentley(1987)的研究结果显示土地细碎化在某些条件下(如剩余劳动力较多、生产风险较大时)能够起到积极作用。Wadud 和 White(2000)研究孟加拉国土地细碎化对农业技术的影响,结果认为两者没有

图 4-5　细碎空间结构综合素描图

显著影响。本节以农户承包地的每亩坡耕地的地块数量来衡量细碎空间结构，实证研究其对农户经济行为诸方面的影响。

4.1.3　地层特性与斑状质量结构

1. 研究区地层概况

研究区出露的碳酸盐岩地层主要为三叠系下统嘉陵江组（T_1j）的灰岩及白云岩、角砾灰岩等，总厚度为 718~1 129 米，以及三叠系中统巴东组（T_2b）的泥质灰岩夹泥砂岩，总厚度为 649.2~1 194.5 米。研究表明，由于不同岩性的抗风化能力有差异，石漠化发生强度亦随岩性不同而有所不同，而在空间上碳酸盐岩如连续分布则更易发生石漠化，若有砂岩夹层则土地石漠化程度明显降低。研究区微观尺度上多见细晶灰岩、泥质灰岩和紫色泥质细砂岩，这些岩层交替出现以及密度不均的岩石裂隙是该区丰富多变的斑状质量结构的自然基础。

2. 研究区斑状质量结构与农户经济行为

不同岩性的岩石在空间上的组合方式不同，石漠化程度亦有所不同，而且不同构造性质、不同构造发育程度及不同地理条件都会造成石漠化程度在空间上的极大差异性。这主要是差异性地质地貌背景导致差异性的岩溶作用，进而造成石漠化程度的截然不同，表现在农户的耕地上即西南山区的农户耕地由石漠化程度不同的斑状地块组成，即在农户尺度上的土地禀赋的斑状质量结构。

图 4-6 为斑状质量结构的景观形态。每个斑块呈不规则块状，长径数米到数十米不等，且边界一般较为清晰，呈斑块状地貌景观形态。不同地块的石漠化程度迥然不同，石漠化越严重的地块岩石裸露越多、土壤厚度越薄、肥力越弱，但地块数量与石漠化率并没有直接的对应关系。相邻地块的土壤肥力在空间上的突变，降低了农户的土地平均收益，因而有可能影响农户采用新技术的积极性。另外，农业技术的空间扩散一般来说有临近式扩散和跳跃式扩散两种方式，因此斑状质量结构有可能通过影响技术扩散发生的方式进而影响农户新技术的采用行为。前人对在生态脆弱区的农业技术推广有较多的研究，但是普遍很少涉及生态脆弱区如何度量及如何影响新技术的采用。显然土地斑状质量结构可以作为生态脆弱区的度量指标，该指标直接关系到农户采用新技术的投入和收益及生态农业技术的推广效果。本书以农户承包坡耕地的抽样地块的石漠化率（即裸岩率）来衡量斑状质量结构，考察其对农户采用生态农业技术行为的影响。

图 4-6　斑状质量结构综合素描图

由此可见，在生态脆弱区采用生态农业技术也是一个土地利用结构优化配置的过程。土地利用结构优化配置就是为达到一定的生态经济最优目标，依据土地资源的自身特性和土地适宜性评价，对区域内土地资源的各种利用类型进行更加合理的数量安排和空间布局，以提高土地利用效率和效益，维持土地生态系统的相对平衡，实现土地资源的可持续利用（刘彦随，1999a）。对于研究区来说，土地利用结构优化配置的实质是生态农业技术在空间上重新配置，打破原有的无效均衡，以实现生态恢复和重建，同时使农民生活水平至少不比原来降低。

由上述分析可知，本书所构造的土地禀赋结构应该是一个有效的解析工具，是集农业地貌学、景观生态学和岩溶环境学等自然地理学诸门类为一体的综合概念，同时又包含农业技术经济学、土地利用学、农业区位学和农户地理学等人文学科的内涵。长期以来，农业推广学和农业技术经济学等学科对农户采用新技术决策的影响因素展开大量研究，而本书则尝试从人文科学与自然科学综合的角度进行研究。现实世界是人—社会—自然的复合生态系统，是有机统一的整体，任一单独学科的研究都可能远离真实的世界。因此本书独辟蹊径地综合多学科的理论和方法，特别应用农业技术经济学和经济地理学等相关理论展开研究。

4.1.4 土地禀赋对农户经济行为影响

前人丰富的关于农户采用新技术影响因素的研究成果为后续研究者提供极有价值的研究基础，但是这些研究普遍没有充分重视土地禀赋因素对农户技术采用微观决策的影响。绝大部分的研究都暗含一个假设前提就是每个农户所拥有的土地都是同质的，农户之间土地禀赋的差异只是在土地规模上。

土地禀赋对农户的技术选择的影响是不言而喻的，因为农户不管采用何种技术都离不开土地这个最基本的劳动对象和生产要素。杜能的农业同心圆圈层理论实际上就是最早对农业生产要素空间配置规律的研究，发展到现在的农业区位论多从区域农业布局角度研究，但很少涉及农户的微观决策。土地禀赋的差异表现为空间环境的异质性。吴玉鸣和徐建华（2004）研究指出，农业技术创新的扩散过程实际上就是农业技术创新与空间环境相互作用的复杂过程。扩散环境的异质性不仅会影响扩散的发生，还会影响扩散的方向、速度和实际效果（刘笑明，2008）。这说明不但区域之间的土地禀赋差异会对各自区域的技术传播产生不同的影响，而且同一区域内农户之间的土地禀赋差异也会对农户技术采用产生不同的影响，但是前人文献对在同一区域内农户之间的土地禀赋异质性则普遍不够重视。

李小建等（2009）从农户地理学的角度研究土地禀赋对农户种植选择的影响，农户耕作首先要考虑地块的自然禀赋和作物的生物属性是否一致，其次在此基础上决定劳动力、农药、化肥等可变要素的投入量。有研究指出，在农业技术中等水平的地区，农户对新技术采用行为更易受农区自然条件的影响（李佳怡等，2010）。西南喀斯特山区的自然条件比其他纯粹的山区或平原区要复杂多变，每个农户的土地禀赋差异更大，对农户的微观决策的影响也应该更大。石漠化地区农户土地禀赋的异质性也许更应被重视，这是因为一方面生态的脆弱性限制许多农业技术的推广；另一方面居住在生态脆弱区的农户出于对生态环境的担忧有可能对生态农业技术更加有兴趣。显然其他地区完全同质的土地禀赋相当于本书的特例。

综上所述，本书在农户微观尺度上将具体使用下列土地禀赋因素进行分析。

（1）二元地貌结构：以农户承包地的坡耕地与平坝田的面积比进行度量，反映农户土地地貌的类型结构。

（2）细碎空间结构：以农户承包地的每亩坡耕地的地块数量衡量，反映农户耕地在空间上的分散程度。

（3）斑状质量结构：以农户承包地的平均石漠化率衡量，反映农户耕地肥力情况。

4.2 外部环境与农户经济行为

影响农户采用农业新技术的外部环境是指农户所处的经济社会等各种外部因素的总和（刘笑明和李同升，2008），概括起来包括政策环境、信贷环境、市场环境、技术环境四个方面（吴比等，2016；Abate et al.，2016；胡中应，2013；高启杰，2008；黄季焜等，2000）。该外部环境的技术环境定义比较宽泛，按该定义土地禀赋也属于一种特殊的外部环境，本书将土地禀赋作为一种独立的影响因素，而将技术环境的内涵定义为较为狭义的农户住家与技术扩散源的距离。

4.2.1 政策环境与农户经济行为

1. 政策环境概述

政策环境是指农户经济行为所面临的相关政策约束。农户的选择在很大程度上是受制于制度性安排的（郭于华，2002）。农户经济行为的选择非常依赖社会所能提供的制度支持，适宜的制度能促进农户生产行为的显著改善，因此公共政策等因素对农户的技术选择有明显的影响。农业技术推广体系是农业社会化服务体系和国家对农业支持保护体系的重要政策组成部分，政府需从不同层次上为农业技术推广工作创造良好的经济环境及社会环境，相关政策对生态农业技术的推广有重大作用。政府正是通过制定和实施各种政策来推动农业技术推广的，这也是《中华人民共和国农业技术推广法》赋予各级政府的一项重要工作。几十年来我国出台了许多推广生态农业技术的生态政策，概括起来这些生态政策主要有财政政策、金融政策和产业政策三个方面。

1）财政政策

财政政策主要是针对各种生态工程（如退耕还林还草、封山育林育草、土地整治等方面）的资金支持政策。财政支出主要包括两大方面：一是工程本身的施工费用；二是农户的生活补助。

研究区的退耕还林补助金领取额为每年每户 500 元左右。这些财政支出固然取得巨大的生态效益，但也存在财政对农补贴方式和支出结构不合理，以及不足额或不及时等问题。另外也存在"为工程而工程"得不偿失的浪费问题，如一些地方的坡改梯工程（熊康宁等，2002）。研究区福田镇政府对农户种植金银花实施补贴制度，补贴种苗价格的 25%，以现金方式直接支付给福田镇金银花示范基地。种植户自己支付现金的 15%，基地垫付 60%。另外，福田镇金银花示范基地为农户提供技术指导，包括修枝、防虫、采摘、晒花等。

2）金融政策

金融政策主要是各种金融机构对生态农业的信贷支持政策。信贷资金对生态农业的发展起很大的推动作用，但是也存在政策性金融对生态农业项目的发展支持不足的问题，或者贷款投资方向往往只考虑经济效益而忽视生态效益。一个有效的农业金融政策应该是既能够保证金融机构的运营效益，又能够明显地改善生态环境，还能够在一定程度上支持农民致富。

3）产业政策

岩溶石漠化地区的产业结构转变有助于减轻石漠化土地的负荷，促进生态的恢复。以推广生态农业技术为目标的生态产业结构转换包括农业产业结构和农村产业结构两个方面，前者具体有"林-牧-草""生态植物-家畜-沼气"等类型；后者有"种植-加工-销售"等类型（李阳兵等，2005b）。实现生态产业结构转变的目的是代替原来纯粹农业种植的单一产业结构，以促进生态的恢复（黄金国等，2011；任海，2005）。生态产业结构转变政策主要表现为国家直接拨款、鼓励民间资本进入、技术辅导及鼓励宣传等。生态产业结构的转变是有时限的，如在退耕期间产业结构若未得到有效的调整在退耕期满后有可能复耕，因而生态产业结构转变政策也具有时限性和紧迫性。

2. 政策与制度的双重缺陷问题

从经济学角度理解，石漠化是农户经济行为负外部性的体现。理性的农户依据市场信号或影子价格，并且以家庭效用最大化为目标配置家庭经济资源和决定资源利用方式。保护农业生态环境是典型的公共产品，市场机制无法使农户将保护农业生态环境的外部成本和公共收益内部化。因此政府通过恰当的环境政策干预，使农户建立良性的环境收益预期是校正环境改善市场失效的主要方式，但改革开放以来石漠化进程迅速加快的事实表明，政府的农业环境政策并没有为农户提供正确的环境收益预期和有效的环保激励。关键是生态环境政策、减贫政策等政策工具的设计没有在相对矛盾的脱贫致富和改善农业生态环境的政策目标之间很好地建立起均衡的制度框架，政府失效和市场失效的叠加可能放大农户经济行为的负外部性。这些问题正是生态农业至今仍然没有成为我国农业与农村经济发展的基本模式的重要原因。

在实行家庭联产承包责任制这一市场化农业制度的很长一段时间里，由于这一制度所特有的小农式农作方式在解决外部性环境生态问题上的缺陷，特别是由于这一制度本身的不完善及与这一制度相配套的其他制度的缺乏，农业中的生态环境问题在20世纪80年代严重恶化（王跃生，1999）。土地利用政策影响农户土地利用决策，从而对土地退化产生影响。现行土地产权制度存在缺陷（如产权不明晰），农民只有使用权而没有所有权，农民没有稳定的持久预期，因而不愿意对土地设施进行长期投资（韩喜平和谢振华，2000）。更重要的是现行土地制度下农村土地难以出售或抵押，使农民在必要的时候无法变现土地并获得良好的投资回报，也不利于农民形成良好长期投资预期。因此问题的关键是如何制定恰当的政策以激励农民保护土地的积极性。

4.2.2 信贷环境与农户经济行为

信贷环境是指农村信贷市场发育程度、农户获得信贷的容易程度等。金融始终是现代农业经济的核心，没有金融的支持就难有生态农业技术的有效推广，也不会有乡村振兴的真正实现。高启杰（2000）研究发现，信贷条件等环境因素对农户采用农业新技术有重要影响。由于农业技术具有公共品属性，仅仅依靠市场的力量是不够的，故各国政府都是农业技术推广的主要力量。我国农业推广的金融支持明显不够，农村金融机构对农业科技推广的供给数量严重不足。第一个原因是农业相较于其他行业收益率低，投资高、风险大；第二个原因是农业新技术推广成果转化相对较慢，资金投入不会在短期内得到收益；第三个原因是农民一般都难以提供有效的担保机构和抵押资产。

因此，一方面，生态农业技术的推广必须依靠农村金融的普惠功能，切实起到支农作用；另一方面，应通过建立政府担保系统等措施以降低金融机构的投资风险，以提高金融服务农业技术的推广能力和水平。

4.2.3 市场环境与农户经济行为

农业技术推广面临三大风险，分别是自然风险、市场风险和技术风险。其中，市场环境集中表现为市场风险。市场风险具体包括市场发育程度、商品信息获得渠道、价格波动、供给变化及农产品销售难易程度等。第一，市场风险来自价格波动，研究发现市场价格的变动将影响农户的技术选择行为。价格波动形成的市场风险是市场经济的特性，由于农产品生产周期长而销售周期短，在产品生产与销售之间形成时间上的不对称与分割，必然会产生农产品供求关系和市场价格的周期性波动。第二，市场风险来自农产品物流。由于农产品大多易于腐烂不容易保鲜，要求运输工具与工业产品相比更具专用性和即时性，由此降低农产品的市场竞争能力而引发市场风险。第三，市场风险来自防范能力不足。大多数小规模的家庭经营者的农产品的生产规模不大，承受风险能力更为弱小。第四，风险源头更广阔。随着我国与世界经济融为一体，农业不但要面临国内市场的风险，而且还要经常面临来自国际市场的风险。

我国对于降低农业市场风险已经有一系列的探索：一是政府援助和社会救济。这种方式的特点是事后发挥作用，存在一定局限性。二是推行政策性农业保险。由于经营管理成本高等问题，难以大范围推广。三是推行农产品期货。国外农产品期货是防范农业风险的有效手段，目前我国正在加速发展中。

4.2.4 技术环境与农户经济行为

本书的技术环境特指农户住家与技术扩散源的距离。美国地理学家 Tobler 于 1970 年提出地理学第一定律，认为任何事物都相关，只是相近的事物关联更紧密，也就是说事物间的距离越远相互之间的影响越小。农业技术的扩散符合地理学第一定律。研究发现，农户耕地与新技术源头的距离对农户采用该技术具有很大的影响。距离该信息源越远，农户获得的有效信息会越少（冉奥博，2014）。一般来说，临近农业技术扩散源的区域往往更容易获取并率先采用创新技术，这种因为接近扩散源而产生的扩散优势被称作近邻效应或渐进式扩散；但现实中由于空间的非均质性，有些技术创新会以"蛙跳式"先向高等级地区扩散，并以扩散地为新的源头，向下一级地区或周边扩散，即等级效应或等级扩散；也可能基于便捷的交流通道，先沿着通道轴线纵向扩散，再向轴间横向扩展，即轴向效应；创新技术效益的潜在性，使扩散过程中示范效应作用突出，当技术在某个点率先使用后，良好的示范效果会使技术在具有相似环境的集中区域快速扩散，即集聚效应（李同昇和罗雅丽，2016）。农业技术在空间扩散上存在随着空间尺度的缩减，技术扩散由明显的规模等级扩散向随距离增加扩散强度减弱的渐进式扩散转化（李普峰等，2010）。本书研究的空间尺度由于范围有限，更应该表现为随着距离示范基地越远生态农业技术扩散效果越弱。

综上所述，本书将具体使用下列外部因素进行分析。

（1）政府支持：政府对农户采用生态农业技术的支持程度，具体包括对农户提供种苗或种苗补贴及相应的栽培技术辅导等。

（2）贷款容易度：农户从金融机构获取信贷支持的容易程度。

（3）销售担忧：生态农业产品进入市场难度。研究区福田镇的农户收获金银花以后，主要由示范基地按合同规定的最低保护价进行收购。

（4）到示范基地距离：金银花生态示范基地到农户住家的距离。

4.3 农户禀赋与农户经济行为

农户禀赋是指农户家庭成员及整个家庭所拥有的包括先天所有的及其后天所获得的资源和能力（孔祥智等，2004）。本书将农户禀赋分为自身能力和拥有条件两大类，前者称为农户能力禀赋，后者称为农户条件禀赋。农户能力禀赋是反映自身能力的因素，有文化水平、年龄；农户条件禀赋是反映自己拥有条件的因素，有收入水平、农户坡耕地、劳动力数量。

4.3.1 农户能力禀赋与农户经济行为

农户能力禀赋是农户家庭成员及整个家庭所拥有的发展能力，反映自身能力的标志因素有农户的学历、年龄。

1. 农户学历与新技术选择

人们对外界认识的边界局限于每个人的认知能力，而认知水平的高低在很大程度上取决于其文化程度。首先，一个人受教育年限越长其接受和处理复杂信息和陌生信息的能力越强；其次，一个人受教育年限越长其学习新知识的能力越强；最后，一个人受教育年限越长其表达能力和沟通能力越强。文化程度的度量标志是受教育年限，它是一个国家、一个民族人口素质的重要指标。同样，农业劳动力的素质在很大程度上制约着农户的经济行为，尤其是农业新技术的不断进步，对劳动力素质的要求就越来越高。

普遍认为农民受教育程度对其技术的采用具有正效应。Rogers（2003）发现，农户户主的文化程度、个人见识等因素与农业技术扩散表现出较明显的正相关关系，其中技术采用者的受教育程度最为重要（Saha et al.，1994）。另外，宋军等（1998）发现，农民文化程度与其对不同类型技术的采用程度呈现不同的相关关系，即农民受教育水平越高，选择高产技术的比例越低，而选择节约劳动技术的比例越高。

2. 农户年龄与新技术选择

人的认知能力和体能与年龄高度相关，一般规律是随着年龄增大认知能力和体能也增强，在达到峰值后会随着年龄的增大而逐渐降低。首先，一个人超过峰值年龄后其学习新知识新文化的能力和兴趣会逐渐降低，思维变得越来越固化；其次，一个人的年龄越大修正错误的机会也越少，因而更加不愿尝试新鲜的事物；最后，一个人年龄越大体能也越来越衰弱，因而对于经受挫折的心理承受能力会降低，会变得越来越趋于保守。关于农业新技术的传播研究表明，新技术采用者和实践者大多是年轻人，因此农业新技术的传播特别依赖年轻的农民，但是同时也非常倚重年长农民丰富的耕种经验。

4.3.2 农户条件禀赋与农户经济行为

农户条件禀赋为农户家庭成员及整个家庭所拥有的发展条件，包括后天获得的各种资源因素，具体表现为收入水平、农户坡耕地和劳动力数量。

1. 收入水平与新技术选择

农户收入既包括农业收入，也包括非农业的兼业收入和外出务工收入。农业收入主要是指农户的种养业收入，包括粮食生产性收入和家庭养殖业收入。农户的投资支出主要有生产性投入和生活性投入。生产性投入为农户从事农业生产所进行的货币性成本投入，包括购置种子、化肥、农药、地膜、农机具、运输工具，还包括雇佣人力整地、播种、灌溉、除草、施肥、收割等；生活性投入包括农户家庭婚丧嫁娶、吃穿住用行等的支出。一个家庭的收入水平既是获得财富的能力也是投资能力的标志，农户采用农业新技术是一种投资行为，因此农户的收入水平在很大程度上决定农业新技术的传播状况。

首先，人们的收入水平只有达到一定的高度时才会出现生态环境需求，低收入阶段主要是一般农业生产性投入，而跨入温饱阶段后农民的生活消费意愿较强，进入富裕阶段后才有可能开始关注生态环境问题。有研究发现，农民在进行决策时更多的是根据生态型作物的经济效益而非生态效益确定其生产规模。

其次，资金的缺乏不仅限制了农户对现代科技和先进生产资料的应用，还使得农户不敢也没有能力进行风险性投资。一般来说，经济状况好的农户会拥有较强的抗风险能力，对新技术的采纳也持积极态度，反之，经济状况差的农户抗风险能力较弱，对新技术持更谨慎的态度。研究证明，农户家庭经济实力越强，资产越丰厚，越能够对冲风险；农户收入越少，越有可能陷入传统农业技术不能自拔，从而不能投资新技术。家庭经济水平的提高，可以增加农户采用新技术的资本，从而有效提高农户采用新技术的主动性，增强农户的生态自觉性（尚燕等，2018）。

最后，非农收入特别是外出务工收入越高，农业劳动力的机会成本也越高，农民投入农业的积极性可能被抑制，但是也存在非农收入高反而更有能力投资农业的可能性。另外，大量农村青壮年劳动力的流失，必然从总体上降低农村劳动力的文化技术水平，阻碍农业现代化发展。

2. 农户坡耕地与新技术选择

农户的耕地是农业生产不可替代的生产资料，也是农户的主要财产，同时也是生产性投资和生活性投资的实力基础。土地的质量以及相关所处的环境条件都对农业新技术的选择产生重要影响。

首先，土地规模是农户进行生产性投资和生活性投资目标的重要条件和约束。普遍认为，农户经营的耕地面积越大，越有利于农户进行农业生产性投资。农业规模经营在一定程度上依赖农村的土地规模经营，要求必须有一定的土地规模，特别是连片耕地更具有规模种植的意义。土地规模不但表现在绝对数量上，而且人均土地规模也是重要的衡量指标。农户家庭耕地的适度规模经营应该有利于农户对农业新技术的投入。

其次，土地质量也是制约农户经济行为的基本因素。土地质量是土地各种属性综合影响效应的总和，包括土壤肥力、耕作层厚度、耕地坡度、灌溉条件、基础设施、交通条件、气候条件及受污染程度等。一般而言，土地质量越高越有利于农业生产性投资。

最后，农户拥有的土地类型也是农户生产性投资的重要影响因素。土地类型有山地、平地、水田、旱地等，不同类型的土地有利于农户多样化种植并适度降低农业经营风险。首次采用农业新技术的农户往往不会拿出全部土地面积，而是调剂性种植，因此多样化的土地应该更有利于农户对农业新技术的尝试。

农户耕地包括平坝田和坡耕地，本书重点关注的是容易发生石漠化的坡耕地规模以及在坡耕地的金银花种植面积。

3. 劳动力数量与新技术选择

农业劳动是农业以及整个国民经济与社会存在和发展的基础。前面讨论的农户文化水平属于农业劳动力的质量，而农业劳动力的数量及其配置也很重要。农业劳动力数量是指农户中符合劳动年龄并有劳动能力的人的数量和不到劳动年龄或已超过劳动年龄但实际参加劳动的人的数量。

首先，农业劳动力的数量是农业生产的保障，同时也是新技术采用的有生力量，由于农业是一个劳动密集型产业，尤其在我国农业科技使用强度不大的情况下更需要充足的劳动力。另外，农业新技术的管护过程大部分无法用机械替代，更离不开劳动力。

其次，劳动力在家庭经营中的配置也很关键。由于农业劳动在空间上具有较大的分散性、在时间上具有强烈的季节性，以及农业劳动内容的多样性，农业劳动力的供给极不稳定，故农户家庭劳动力的时空配置很重要。农业劳动力配置表现如下：一是在家务劳动和生产劳动之间的配置；二是在农业生产和非农业生产之间的配置；三是在不同农业生产项目之间的配置。农户家庭成员在不同的配置之间进行收益比较以使家庭收益最大化，从而使得农业劳动力的供给具有较强的弹性。

最后，农业剩余劳动力对农户经济行为产生影响。农业剩余劳动力是指在一定的生产力水平下，农业劳动力的供给大于农业生产经营合理需求的那一部分劳动力，这部分劳动力投入农业生产经营的边际产量为零或负数。在农村，一方面存在农业剩余劳动力资源的极大浪费；另一方面又存在农业新技术所需要的高素质劳动力的缺乏，即农业劳动力的总供给量过大，而有效供给又严重不足。

综上所述，本书将采用如下农户禀赋因素进行分析。

（1）户主年龄：反映农户的务农经验和务农体力等。
（2）户主学历：反映农户接受新事物的态度和掌握新技术的能力。
（3）坡耕地面积：反映农户农业规模经营的条件。
（4）外出务工比例：反映农户外出务工强度和对农业的依赖程度。
（5）农业收入比：反映农户经济收入的构成和状况。
（6）务农人口：反映劳动力投入水平，直接关系到农户的种植收益。

4.4 农户经济行为阶段划分与分析框架

4.4.1 农户经济行为阶段划分

农户采用生态农业技术的经济行为可以划分为不同的阶段。一项技术从创新到扩散开始，再到扩散结束为一个扩散周期。美国传播学家罗杰斯（2002）提出著名的新技术扩散 S 形曲线，技术创新的扩散在一开始的突破阶段比较缓慢，采用者在达到一定值后，扩散速度进入递增加快阶段，随着采用者数量达到饱和进入递减阶段，直至没有新采用者增加进入停滞阶段。扩散速率呈正态曲线形态，而采用者累积曲线呈 S 形曲线（图 4-7）。

新技术的采用是指行为个体从最初知悉某项创新开始，到对它进行考虑，再到做出反应，直到最后决定在生产实践中进行实际应用的过程（高启杰，2008）。新技术采用者的采用过程分多个阶段。Mosher（1978）将创新采用过程分为五个

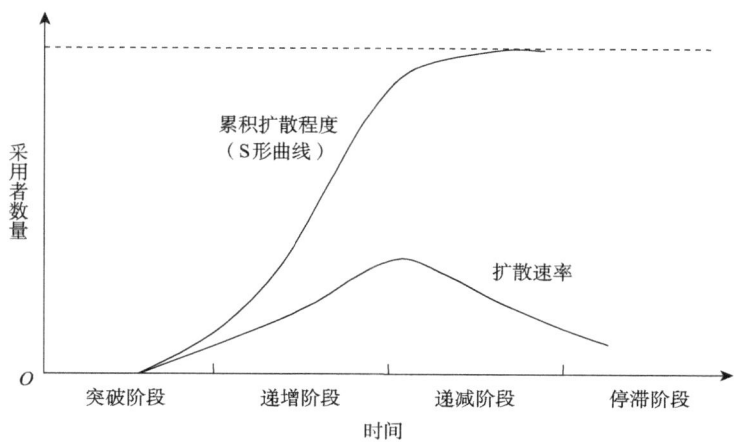

图 4-7　新技术采用者数量四阶段累积扩散程度（S形曲线）图

阶段：第一阶段是认识阶段，是对某项新技术接触了解的阶段；第二阶段是兴趣阶段，有了采用意愿并进一步了解新技术的有关信息；第三阶段是评价阶段，在这一阶段做出采用决定；第四阶段是试验阶段，进行小规模采用以观察效果；第五阶段是采用或放弃阶段，决定就此放弃还是进一步扩大规模。

高启杰（2008）将农业技术采用分为五个创新采用决策过程：第一阶段为知识阶段，即积累对新技术的认识；第二阶段为说服阶段，即权衡采用利弊；第三阶段为决策阶段，即做出采用或放弃的决定；第四阶段为实施阶段，即具体开始采用；第五阶段为证实阶段，即根据产出效果决定进一步采用还是放弃。

上述新技术采用过程或决策阶段的划分大体类似，本书将生态农业技术的采用过程归结为采用意愿、采用决策、采用方式、采用收益四大步骤。采用决策又可进一步分为采用决定和采用程度两个阶段，前者决定是否采用，后者决定多大幅度采用。采用意愿—采用决定—采用程度的顺序符合人的心理决策过程。考虑到农户在做出采用新技术决策之时，还面临着以何种组织方式采用的问题，即是独家经营还是参加某种农业经济组织共同经营，本书称之为采用方式。在采用之后农户还面临收益评估的问题，以此决定是否继续采用，本书称之为采用收益。采用方式和采用收益是推动进一步扩大采用规模的基础。由此农户采用生态农业技术的经济行为包含五个阶段：采用意愿—采用决定—采用程度—采用方式—采用收益。

有许多文献将已经采用的农户与有采用意愿的农户作为一体进行讨论，固然有其道理，但本书认为生态农业技术采用的诸因素对采用行为的每个阶段的影响都可能有所不同，笼统研究可能会掩盖影响因素的差异。本书将实证分析土地禀赋等因素对农户采用生态农业技术行为的各个阶段的影响。农户采用生态农业技术行为的各阶段归纳如下。

(1)采用意愿:农户有意采用该技术的心理愿望和初始动机,是技术采用行为的最初阶段。

(2)采用决策:属于采用行为的第二大步骤,是决定采用或决定放弃的心理临界点。采用决策又包括采用决定和采用程度两个决策阶段,前者决定是否采用,后者决定种植多大面积。

(3)采用方式:农户必然以某种类型的农业经济组织形式采用生态农业技术,即是独家经营还是参加某种土地经营组织共同经营。

(4)采用收益:能够获得更高的收益是农户采用生态农业技术的主要目的,因此在采用之后农户会进行收益评估,以此决定是否继续采用。研究采用收益的影响因素有助于更加有效地推动生态农业技术的扩散。

4.4.2 影响因素分析框架

本书拟通过实证手段研究土地禀赋等因素对农户采用生态农业技术的经济行为全过程的影响作用,分别具体分析土地禀赋、外部因素和农户禀赋对农户采用生态农业技术行为的五个阶段的影响,并且不同阶段的分析采用不同的计量模型。诸影响因素与各种农户经济行为的矩阵关系如图4-8所示。

图4-8 农户采用生态农业技术行为与影响因素关系矩阵图

第5章 农户采用生态农业技术意愿的影响分析

我国西南岩溶地区传统的种植结构是引发石漠化的主要人为因素，石漠化的加剧又会进一步降低农民的收入，进而导致生态破坏和经济欠发展的恶性循环。用生态农业技术替代传统农业技术是遏制农村生态退化的可行办法，也是农民实现发展致富的有效路径。与传统低效的农业技术不同，生态农业技术既具有生态效益又具有经济效益。广大农民是推广生态农业技术的主要力量，他们对于生态农业技术的采用意愿关系到生态重建和发展致富的成败。

5.1 采用意愿及其影响因素

人类的意愿是指一组启动个体行动，并支持个体向着目标，沿着既定的路径持续前进的自我信念系统。意愿是人类行为的起点，是行为付诸实施的心理动机。农户生态农业技术采用意愿是农户有意采用该技术的心理愿望，是技术采用行为的最初阶段。当技术扩散源即生态示范区所推广的新技术被农户感知以后，农户对新技术产生初始的认同，此时有采用的意愿，属于行为改变理论的态度转变阶段。

农户采用生态农业技术的经济行为有五个阶段：采用意愿→采用决定→采用程度→采用方式→采用收益。采用意愿是农户经济行为的第一个阶段。农户产生采用意愿，但最终并不一定真正采用，他们中一般只有一部分会进入下一个采用决定阶段。研究表明，某种行为的意愿越强烈，最终实施该行为的可能性就越大。根据技术采用个体的行为差异，可以分为先锋采用者、观望犹豫者、后续跟进者、保守拒用者。先锋采用者为一部分最先感知新生事物，又勇于尝试的先锋群体，这部分人一方面是天生的风险偏好者，另一方面又具有良好的风险承受能力；观望犹豫者为态度谨慎的群体，他们观察先锋采用者的收益如何，然后再做决定；后续跟进者则为习惯于从众的群体，即常说的随大流者，他们不一定是理性的算计者，只要看到众人在用自己就用；保守拒用者是最终不采用的群体，他们很可能是顽固保守者，也可能是完全没有能力采用者。农户经济行为能够发展到哪个阶段还取决于农户的年龄、学历、收入及其他环境因素等。

采用意愿是采用行为过程的最初阶段，与其他行为阶段有明显的区别，不能混为一谈。土地禀赋、外部环境和农户禀赋对农户采用生态农业技术的意愿产生一系列重要影响，对其研究有助于制定推动农户进一步做出采用决定的政策和措施。

5.2 分析框架和研究假说

5.2.1 土地禀赋与采用意愿

由于土地利用结构既是土地禀赋在空间上分异规律的具体表现，也是区域农业发展条件地域差异的直观反映，故从农户土地利用结构的视角分析土地禀赋对农户采用生态农业技术意愿的影响是一个值得探索的尝试。本书将西南喀斯特地区的农户的土地禀赋结构划分为二元地貌结构、细碎空间结构和斑状质量结构。

1. 二元地貌结构

研究区的二元地貌结构是在农户承包地的微观尺度上坡耕地与平坝田的数量对比关系。李波等（2010）发现，从平地向丘陵再向山区，低收入农户采用新技术的意愿渐趋强烈；朱红根等（2010）发现山区农户比平原区农户希望其子女从事杂交水稻新品种经营的意愿更强。文献似乎表明山地农户比平原区农户采用新技术意愿强烈，王景旭等（2010）认为这是由于高山地区农业机械化水平偏低，故农户对高产新技术的采用意愿更强烈。这些研究暗含一个假定，就是同一地貌区内的农户所拥有的地貌结构是同质的。本书认为即便在同一地貌区内农户尺度的地貌结构也应该对农户之间的新技术采用意愿产生不同的影响，由此不妨做如下假说。

假说 5-1a：农户坡耕地与平坝田的面积比越大，种植金银花的意愿越强烈。

2. 细碎空间结构

细碎空间结构是指农户耕地的地块在空间上的分散程度。耕地细碎化对农业效率、土地流转的影响被广泛关注,但是对农户技术选择意愿影响的研究不多。李小建等(2009)研究指出,在细碎化地块分散情况下,面积较大的地块会种植同一种作物,而小地块则可能安排多样化作物的布局,即土地细碎化促进小规模多样化的种植。刘国勇和陈彤(2010)、刘晓敏(2010)研究发现每亩地块数量与节水技术采用意愿关系为正相关,很可能是零散的地块促进农户对劳动节约型农业新技术的需求。本书在农户承包地的微观尺度上以农户每亩坡耕地的地块数量来衡量细碎空间结构,并做如下假说。

假说 5-1b:农户每亩坡耕地的地块数量越多,种植金银花的意愿越强。

3. 斑状质量结构

斑状质量结构是指石漠化程度不同的地块在空间上形成的斑状地貌景观。斑状质量结构有可能通过影响技术扩散发生的方式影响农户的新技术采用意愿。生态环境对技术传播具有制约作用,这是由于地块土壤肥力的减弱会降低农户土地的平均收益,进而可能降低农户采用新技术的意愿。本书在农户承包地的微观尺度上以抽样地块的石漠化率(即岩石裸露率)衡量斑状质量结构,并做如下假说。

假说 5-1c:农户坡耕地地块的石漠化率越大,种植金银花的意愿越弱。

5.2.2 外部环境与采用意愿

影响农业技术扩散的外部环境概括起来包括政府支持、贷款容易度、销售担忧和到示范基地距离四个方面,针对本研究区具体情况定义如下。

1. 政府支持

农业新技术的推广需要对农民进行扶持,金银花不是普通经济作物,而属于生态农业技术。根据经济学理论,生态农业技术具有正外部性,所以单纯依靠市场机制是不能实现技术最优采用的,政府应予以扶持。但是现行制度在很多方面对农户采用环境友好新技术不具有激励作用。由于生态农业技术对生态环境的友好特性,故政府对生态农业技术的传播应该有相应的制度安排。

假说 5-2a:若能获得政府提供种苗及相应的栽培技术的支持,则农户种植金银花的意愿提高。

2. 贷款容易度

前人实证研究表明信贷条件对农户技术采用有显著的影响(高启杰,2000)。金银花的种植需要大量的资金投入,农户的信贷可获得性对金银花采用意愿应该有所影响。

假说 5-2b：农户越容易获得信贷支持，种植金银花的意愿越高。

3. 销售担忧

市场风险是影响农户技术选择的重要因素。据满明俊等（2010）的调查，农户在采用新技术时对农产品销售渠道不畅的担忧排在前列。但是杨传喜等（2011）发现食用菌销售越难，新技术采用意愿越强，因为市场销售越难农户越追求更新的品种，以通过获得更高收入来冲抵市场风险。对于选定的生态农业技术金银花，农户所面临的市场环境如果恶劣那么农户的采用意愿应该会受到很大消极影响。

假说 5-2c：农户若担忧销售有困难，则种植金银花的意愿降低。

4. 到示范基地距离

本书将技术环境内涵定义为较为狭义的农户住家与技术扩散源的距离。杜能的农业同心圆圈层理论即涉及距离对技术传播的影响。一般来说，距离技术成果的发源地越远，扩散效果越弱（Hagerstrand，1967），但是王武科等（2008）的实证研究表明，经营性农业技术的扩散与到示范基地的距离呈负相关关系，即经营性技术在空间扩散中受距离的约束较小而受市场的影响更大，中间型技术扩散是市场作用力和政府作用力相互作用平衡后的结果。金银花属于兼具生态效益和经济效益的中间性技术，技术扩散的空间特征既表现为与政府目标的高度一致性，同时又强力受到市场的影响，因此金银花的扩散与空间距离的关系不易确定。

假说 5-2d：农户住家到金银花示范区的距离与金银花采用意愿的关系不确定。

5.2.3 农户禀赋与采用意愿

概括起来，影响农业技术扩散的农户禀赋包括自身能力和拥有条件两大类。反映自身能力的能力禀赋有户主年龄、户主学历等；反映拥有条件的条件禀赋有坡耕地面积、外出务工比例和农业收入比等。针对本研究区具体情况定义如下。

1. 户主年龄

普遍认为户主年龄越年轻越容易采用新技术，有研究证明在生态脆弱区年龄与农民采用新技术意愿有显著的负相关关系（吴乐和邹文涛，2011），另有研究证明农户的年龄与有偿服务类型的新技术的采用意愿也呈显著的负相关关系（黄武，2010），这被认为是年龄越大越趋于保守回避风险而排斥新技术的缘故。但也有研究发现，年龄越大的农户越愿意采用可持续农业技术（张小迎和冷小黑，2010），这可能是老年人更关注生态环境的缘故。另有研究表明，年龄在 40~50 岁的农民采用节水技术的意愿比年轻人要更强一些（国亮和侯军歧，2011），这应该是老年人由于体力衰减因而更钟情于劳动节约型技术。本章只简单对比中青年和中老年户主的生态农业技术采用意愿的区别，不妨作如下假说。

假说 5-3a：中老年农户比中青年农户种植金银花的意愿强。

2. 户主学历

Rogers（2003）发现，农户户主文化程度与农业技术扩散表现出较明显的正相关关系，国亮和侯军歧（2011）的研究也证明了这一点，这是因为户主学历越高接受新事物的能力越强。但是也有研究指出文化程度与新技术采用意愿有显著的负相关关系（黄武，2010），也就是说，文化程度越高的农民越不愿意采用农业新技术，因为高中及以上学历的户主从事非农工作的机会更多。可见，户主学历与技术采用意愿的关系不能一概而论。

假说 5-3b：农户户主学历与金银花采用意愿的关系不确定。

3. 坡耕地面积

农户拥有的耕地总面积是规模经营的重要条件，显然大家庭拥有更大规模的耕地。多数观点认为现有的耕地承包制其实阻碍了规模经济技术的应用。如果农户计划进行规模化种植，那么农户的耕地面积越大应该越倾向采用新技术。本书重点关注易发生石漠化的坡耕地面积。

假说 5-3c：农户坡耕地面积越大，种植金银花意愿越强烈。

4. 外出务工比例

外出务工会使农户从事农业的劳动力变得不足，从而有可能降低农户采用新技术的愿望。有研究表明，外出务工时间对农民采用新技术意愿有显著的负相关关系（吴乐和邹文涛，2011），事实表明，兼业农户对农业新技术采用的积极性往往不高。

另外，根据"诱致性技术创新理论"，即某一类生产要素的稀缺性会诱致决策者选择节约该类要素型的技术（林毅夫，2008）。农村外出务工的增加会使从事农业的劳动力变得稀缺，从而使得劳动节约型技术更受欢迎。不断上涨的劳动力要素价格使农户对于节约劳动的农业技术选择呈上升趋势。金银花平时不费劳力，但是在集中采摘时需要大量劳动力，全年而言不好判断是否属于劳动节约型技术。

假说 5-3d：外出务工比例与金银花采用意愿的关系不确定。

5. 农业收入比

一般来说，农户收入水平与新技术采用意愿呈正相关关系，如欠发达地区农户采用新技术的主动性要差，不主动投资农业技术的农户多数是因为收入所限。这是因为新技术具有不确定性，人均家庭纯收入高的农户对技术风险有较大的经济承受能力。有研究表明，家庭年均总收入对农户采用节水技术的意愿有极显著的正向影响（刘晓敏和王慧军，2010），种植业收入占家庭总收入的比例与新技术采用意愿有显著正相关关系（黄武，2010），经济基础较好且农业收入所占比重较高的农户，采用节水灌溉技术的可能性相对较高（国亮和侯军歧，2011），非农收入与可持续农业技术采用意愿呈负相关关系（王绪龙等，2008）。金银花是经济作物，可能更吸引以农为主的农户。

假说 5-3e：农业收入占总收入的比重越大的农户的金银花种植意愿越强。

5.3 数据说明、模型选择及假说检验

5.3.1 数据说明

本书以重庆市巫山县福田镇金银花示范基地的周边农户为研究对象。巫山县为典型的生态脆弱区，位于三峡水库核心区域，因此在该区域推广金银花以代替易造成石漠化的传统作物意义重大。

如表 5-1 所示，在 278 份有效问卷中，有 96.7%的农户有种植金银花的意愿。样本统计表明农户不限于在坡耕地有金银花种植意愿的比例为 61.8%，其中包括兼在其他类型地块也有种植意愿的样本。只愿意在坡耕地种植金银花的农户比例为 39.5%，明显高于只愿意在平坝田的种植意愿比例（7.6%）。

表 5-1 耕地地貌二元结构与金银花种植意愿

种植意愿	坡耕地种植意愿		平坝田种植意愿		总种植意愿
耕地结构类型	不限于在坡耕地	只愿意在坡耕地	不限于在平坝田	只愿意在平坝田	
占总样本之比	61.8%	39.5%	23.8%	7.6%	96.7%
占总意愿之比	63.9%	40.8%	24.6%	7.8%	

注：可供农户选择的土地类型除了坡耕地、平坝田外，还有少量房前屋后的空地及林地等

表 5-2 为样本变量特征描述以及 5.2 节的诸变量对农户种植意愿影响方向的预测。样本统计结果表明，农户坡耕地面积平均为 5.60 亩，是平坝田的 3.57 倍；坡

耕地平均每亩 0.90 块,坡耕地的石漠化率平均达到 56%;农户户主以中老年为主,学历普遍在初中及以下,住家距示范基地平均 10 千米以内;平均每户有四分之一的成员长期外出务工,农业年收入(不计金银花种植收益)约占年总收入的 43%;近一半的农户面临贷款难的问题,不到一半的农户能够获得技术和销售的扶持和帮助。

表 5-2 变量说明与统计特征

变量		定义说明	均值	方差	预期影响方向
被解释变量		y_i			
是否愿意采用生态农业技术		愿意在坡耕地种植金银花=1,不愿意=0	0.62	0.24	
解释变量		x_i			
土地禀赋	二元地貌结构	以坡耕地与平坝田的面积比衡量,反映农户土地地貌类型结构	3.57	11.82	+
	细碎空间结构	以每亩坡耕地的地块数量衡量,反映农户耕地在空间上的分散程度,单位:块/亩	0.90	0.23	+
	斑状质量结构	以抽样坡耕地地块的石漠化率(岩石裸露率,范围为 0~100%)衡量,反映农户耕地肥力情况	0.56	0.04	−
外部环境	政府支持	反映政府对农户采用生态农业技术的扶持力度,能够获得种苗补贴及相应的栽培技术辅导=1,其他=0	0.40	0.24	+
	贷款容易度	反映农户用于生产的融资难易度,容易获得贷款=1,不容易=0	0.52	0.25	+
	销售担忧	反映农户进入市场难度,农户担忧农产品销售=1,其他=0	0.57	0.25	−
	到示范基地距离	反映金银花生态示范基地到农户住家的距离,3 000 米及以内=1;3 001~5 000 米=2;5 001~10 000 米=3;10 000 米以上=4	3.40	1.32	?
农户禀赋	户主年龄	45 岁以上(含 45 岁)=1;45 岁以下=0	0.62	0.24	+
	户主学历	以户主受教育程度衡量,小学及以下=0;初中=1;高中及以上=2	0.67	0.45	?
	坡耕地面积	反映农户农业规模经营的条件,以每户的坡耕地总面积表示,单位:亩	5.60	24.46	+
	外出务工比例	反映农户外出务工强度,以农户家庭成员中以外出务工为主的人数占家庭劳动力总人数的比例来表示	0.25	0.04	?
	农业收入比	反映农户经济状况,以农户打算种植或种植金银花前的全年农业收入占总收入之比表示	0.43	0.09	+

注:+表示正相关;−表示负相关;? 表示不确定

5.3.2 模型选择

本章将农户在坡耕地有种植金银花的意愿设为 1,没有设为 0,采用的概率设为 p_i,不采用的概率则为 $1-p_i$。属于二元选择模型(binary choice model)。设定模型如下：

$$y_i^* = \alpha + \sum_{i=1}^{n} \beta_i x_i + u_i \tag{5-1}$$

其中，x_i 为影响因素；n 为影响因素的数量；β_i 为回归方程系数，并假定残差 u_i 符合古典假定。y_i^* 为不可能直接观测的潜在连续变量，实际上可观测的被解释变量是

$$y_i = \begin{cases} 1 & (y_i^* > 0) \\ 0 & (y_i^* \leq 0) \end{cases} \tag{5-2}$$

给定 x 值的累积概率可以用如下形式表示：

$$p_i = P(y_i = 1) = 1 - F\left(-\alpha - \sum_{i=1}^{n} \beta x_i\right) = F\left(\alpha + \sum_{i=1}^{n} \beta x_i\right) \tag{5-3}$$

似然函数则为

$$\begin{aligned} l(\alpha, \beta) &= \prod_{y_i=1} p_i \prod_{y_i=0} (1 - p_i) = \prod_{i=1}^{n} \left[p_i^{y_i} (1 - p_i)^{1-y_i} \right] \\ &= \prod_{i=1}^{n} \left\{ F\left(\alpha + \sum_{i=1}^{n} \beta x_i\right)^{y_i} \left[1 - F\left(\alpha + \sum_{i=1}^{n} \beta x_i\right) \right]^{1-y_i} \right\} \end{aligned} \tag{5-4}$$

使用 Logit 概率函数模型如下：

$$p_i = P(y_{i=1}) = F\left(\alpha + \sum_{i=1}^{n} \beta x_i\right) = \frac{\exp\left(\alpha + \sum_{i=1}^{n} \beta x_i\right)}{1 + \exp\left(\alpha + \sum_{i=1}^{n} \beta x_i\right)} \tag{5-5}$$

进一步将式（5-5）变形为

$$\log \frac{p_i}{1 - p_i} = \alpha + \sum_{i=1}^{n} \beta x_i \tag{5-6}$$

5.3.3 假说检验

本节采用极大似然估计（maximum likelihood estimate，MLE）法进行估计，应用 Stata 11.1 统计软件操作。尽管缺乏文献依据，但是本节为了避免采用意愿与土地禀赋和耕地面积为二次函数关系，将其二次项引入回归方程，经过检验，土地禀赋和耕地面积的二次项均不显著，从模型中剔除。经过逐步回归，最后选取两个解释程度较好、具有一定说服力的模型。两个模型均已回避多重共线性，卡方检验表明模型高度有效，结果如表 5-3 所示。

表 5-3　农户采用生态农业技术意愿 Logit 模型估计结果

变量		模型 1			模型 2		
	解释变量	系数 β	Z 值	odds ratio	系数 β	Z 值	odds ratio
土地禀赋	二元地貌结构	-0.413***	-2.30	0.662			
	细碎空间结构	0.106	0.11	1.112	1.105*	1.38	3.019
	斑状质量结构	-1.587*	-1.29	0.205	-1.744	-0.78	0.175
外部环境	政府支持				2.561*	1.45	12.948
	贷款容易度				-0.879	-1.09	0.415
	销售担忧	-3.271***	-3.38	0.038			
	到示范基地距离				1.194**	1.88	3.301
农户禀赋	户主年龄	1.971***	2.67	7.180	2.533***	2.70	12.596
	户主学历	-1.147**	-2.16	0.318	-1.689***	-2.75	0.185
	坡耕地面积				-0.151*	-1.55	0.860
	外出务工比例	-0.805	-0.36	0.447			
	农业收入比				3.482**	1.93	32.524
常数项		2.114	1.11	8.282	-3.474	-1.14	0.031
样本数量			276			278	
LR chi2 (χ^2)			54.17***			50.01***	
Prob>chi2			0.000			0.000	
Log likelihood			-37.969			-28.979	
Pseudo R^2			0.416			0.463	

*、**、***分别表示单尾检验结果在 10%、5%、1%的统计检验水平上显著
注：结果为应用 Stata 11.1 输出

1. 土地禀赋

1）二元地貌结构

二元地貌结构的系数为负，且在 1%统计检验水平上显著。这说明在其他条件不变的情况下，农户所拥有土地的坡耕地与平坝田面积之比越大，农户种植金银花的意愿越低。而且 odds ratio 等于 Exp(β)，两者都为 0.662，表明坡坝比每增加一倍，愿意种植金银花的发生比只有原来的 66.2%，下降了 0.338 倍。推广金银花的目的是治理坡耕地的石漠化，但是坡耕地面积比重越大农户反而越不愿意种植。该结果与预测完全相反，一个合理的解释是传统的种植结构玉米加红薯虽然在岩溶地区容易诱发石漠化，但却是千百年来自然选择的结果，更适宜于地势高而偏

远、土壤贫瘠的坡耕地。因为玉米和红薯属于劳动节约型技术，适合粗放经营，而金银花大面积种植则对管护要求比较高，需要农户由粗放经营转变为集约化经营，因此当坡耕地比例较大时已不能吸引劳动力越来越稀缺的农户。而且这也正是农户在坡耕地种植意愿的人数比例虽然多于平坝田，但是若坡耕地比重越大农户种植意愿反而越低的原因。

2）细碎空间结构

坡耕地细碎空间结构对金银花种植意愿的影响在 10%统计检验水平上显著正相关。而且 odds ratio=3.019，说明在其他条件不变的情况下，农户所拥有的坡耕地的地块每增加一块，农户种植金银花的意愿增加 3 倍之多，假说 5-1b 得到验证。印证李小建等（2009）的关于小地块促进多样化种植的论断。这说明虽然耕地细碎化是规模化种植的障碍，但是研究区农户并没有扩大种植规模的意图，只是愿意用小块地进行调剂性种植，很可能是属于农户为了规避风险只愿短期性投资的情况（黄季焜等，2000）。

3）斑状质量结构

坡耕地斑状质量结构的系数为负，且在 10%统计检验水平上显著。这说明在其他条件不变的情况下，农户所拥有坡耕地的石漠化率越大，农户的金银花种植意愿越低，假说 5-1c 得到验证。而且 odds ratio 等于 0.205，表明坡耕地石漠化率每增加一个百分点，愿意种植金银花的发生比只有原来的 20.5%，即下降了 0.795 倍。推广金银花的目的是治理坡耕地的石漠化，但是石漠化率越大农户的种植收益会越低，从而使农户的种植意愿越低，可见恶化的斑状质量结构不利于提高农户生态治理的积极性。

2. 外部环境

1）政府支持

政府支持的系数为正，且在 10%统计检验水平上显著，而且 odds ratio 等于 12.948，假说 5-2a 得到验证。这说明在其他条件不变的情况下，能够获得政府提供的种苗和技术辅导的农户比不能获得这种支持的农户采用生态农业技术的意愿高 12.948 倍。可见对农户采用生态农业技术给予政策扶持是非常必要的。

2）贷款容易度

贷款容易度的系数为负，与预想相反，但是统计上并不显著。有可能是因为金银花并非农户投资首选，容易获得贷款反而使农户转向其他经营。

3）销售担忧

销售担忧的系数为负，且在 1%统计检验水平上显著，而且 odds ratio 等于 0.038，假说 5-2c 得到验证。这说明在其他条件不变的情况下，担心金银花销路问题的农户比没有这种担心的农户种植意愿要小 3.8%。金银花不同于其他农产品，几乎百分之百面对市场，而大部分弱小的农户无力承担销售成本，若有机构或中间商代为销售或上门收购，则会大幅降低市场风险，进而提高农户种植意愿。

4）到示范基地距离

到示范基地距离的系数为正，在5%统计检验水平上显著，而且odds ratio等于3.301。这说明在其他条件不变的情况下，农户与示范基地的距离每增加一个数量级，种植意愿增加3倍之多，与技术传播的距离衰减规律相矛盾。这很可能如王武科等（2008）所说的受政府目标鼓励所致。显然，金银花的技术属性更符合兼经营技术和生态农业技术于一体的中间性技术，而研究区位于三峡库区的生态治理目标区，虽然农户住家到示范基地较远，但是受政府鼓励诱导的影响更大。

3. 农户禀赋

1）户主年龄

户主年龄对金银花种植意愿的影响在1%统计检验水平上显著正相关，假说5-3a得到验证，而且odds ratio等于12.596。这说明户主年龄越大，金银花种植意愿越高。在其他条件不变的情况下，中老年的农户户主的采用意愿发生比竟然将近是中青年的13倍之高。这可能是中老年农户比中青年农户的机会成本更低的缘故。

2）户主学历

户主学历对金银花种植意愿的影响在1%统计检验水平上显著负相关。而且odds ratio等于0.185，说明在其他条件不变的情况下，农户户主学历每提高一个等级，金银花种植意愿的发生比降为原来的18.5%。结合年龄的检验结果，说明金银花没有能够吸引到年轻和高文化水平的农户，不利于可持续的生态重建。很可能是因为高学历的年轻农民非农就业机会更多，而低学历的中老年农民务农的机会成本相对较低，相应地，高学历农户的金银花种植意愿相对较低。

3）坡耕地面积

坡耕地面积对金银花种植意愿的影响在10%统计检验水平上显著负相关，而且odds ratio等于0.860，结论与假说5-3c相反。这说明在其他条件不变的情况下，坡耕地面积每增加1亩，农户的种植意愿发生比下降0.14倍。一般认为，农户在技术与资本可获取的情况下，倾向扩大农地经营规模，以获取农地规模经营效应，但结果表明农户并没有追求金银花的规模化种植，可能是农户坡耕地面积越大，土地禀赋的结构在空间上变异越大，从而不利于扩大规模种植，或者说金银花不符合复杂性技术的特性，因而没有表现出规模化种植的需求。总之，农户并不愿意用大片土地规模化种植，与二元地貌结构和坡耕地细碎空间结构的结果相互得到印证。

4）外出务工比例

外出务工比例的系数在统计上不显著。可能是兼生态农业技术和经营技术为一体的金银花的经济属性并不突出的缘故。似乎农户只愿利用工余的时间实验性地种植金银花。

5）农业收入比

农业收入比对金银花种植意愿的影响在5%统计检验水平上显著正相关，而且odds ratio等于32.524。这说明在其他条件不变的情况下，农业收入比重每增加一个百分点，农户的种植意愿发生比将近提高33倍。这与预想一致，农业收入高的农户更依赖农业种植，显然对金银花种植更有兴趣。

5.4 本章小结

本章以金银花为例主要从微观尺度上的土地利用结构的视角研究西南岩溶地区土地禀赋等要素对农户采用生态农业技术的经济行为意愿的影响，研究结论如下。

1. 分析结论

（1）结果表明本章构建的衡量土地禀赋的结构指标体系在模型中有较好的解释度，说明不同的土地禀赋结构对农户生态农业技术采用意愿的影响也显著不同。

（2）计量分析结果表明，农户坡耕地的面积或坡耕地相对于平坝田的面积比越大，农户种植金银花的意愿越低；而且坡耕地的石漠化率越大，农户的金银花种植意愿也越低；另外，坡耕地越细碎化，农户种植金银花的意愿反而越高。综合结果说明农户只是愿意用小块坡耕地进行调剂性种植，而不愿用大片土地规模化种植。示范区推广生态农业技术的目的是治理大面积坡耕地的石漠化，但是恶化的土地禀赋降低农户采用新技术后的预期收益，进而降低农户采用生态农业技术的积极性。

（3）政府对农户在种苗及技术方面给予支持则能使农户种植金银花意愿大幅提高。农户对销售的担忧阻碍对新技术的采用。贷款难易对采用意愿的影响不显著。距离越远，采用意愿越强，反映采用意愿与政府目标的高度一致性。

（4）农户户主年龄越大、户主学历越低、农业收入比越大，金银花种植意愿越高。这说明生态农业技术没有吸引到年轻而高素质的农户，也难以吸引到兼业的农户。

2. 政策启示

综合结果表明，现有的土地禀赋结构不利于农户选择生态农业技术，农户只愿在外界提供种苗和销售的帮助下进行零星种植，而且也不能吸引到年轻的高素质的农户，更难以吸引到兼业的农户种植。这说明生态农业技术在生态脆弱区的传播受到土地禀赋的强烈制约，同时也说明生态农业技术明显不同于普通高产农业技术，其技术属性更类似于兼经营性和生态性于一体的中间性技术，其经济正外部性的特性明显，没有外界强大的支持，很难自发广泛地推广。鼓励政策也不能笼统地实施，而是要根据农户的土地禀赋特点有区别地实施扶持政策。

（1）鼓励农户在坡耕地采用生态农业技术，而不扶持在平坝田取代水稻采用。

（2）鼓励农户在石漠化严重的坡耕地采用生态农业技术，而不扶持在生态良好的坡耕地采用。

（3）鼓励农户规模化采用生态农业技术，而不扶持调剂性质的零星点缀式采用。

第6章 农户采用生态农业技术决策的影响分析

在我国广大的生态脆弱区，低效的传统农业技术既是造成农村生态退化乃至生态破坏的诱因，也是农民难以致富的根源，显然兼具生态效益和经济效益双重特性的生态农业技术的大力推广对于农村地区的生态重建和发展致富是一个可行有效的方法，而生态农业技术的推广效果关系到生态重建和发展致富的目的能否真正实现，因此这些生态脆弱区的农户就面临着生态农业技术的选择决策问题。

6.1 采用决策及采用阶段

人类的决策是为了达到一定目标，采用一定的科学方法和手段，从两个以上的方案中选择一个满意方案的分析判断过程。依据理性人或经济人的古典决策理论，人们在决策时会本能地遵循最优化原则选择方案。人的决策过程是一个非常复杂的心理过程，不是一个"做"或是"不做"的简单判断。决策过程可以分解为一系列决策阶段，每一个阶段都可以看作一个独立的心理活动，并且将不同的环境因素作为决策的依据。决策是人类决定行动或决定放弃的心理临界点，带有强烈的主观评价成分。

本书定义的新技术采用决策为农户经济行为的第二个阶段，相当于高启杰（2008）所说的第三和第四阶段，即农户对新技术有了采用意愿之后，有可能进入下一个行为阶段，即采用决策阶段。农户对新技术的采用决策又包括采用决定和采用程度两个决策亚阶段，前者决定是否采用，以农户采用概率度量；后者决定采用多大面积，以坡耕地金银花种植面积占坡耕地总面积的比率（即采用密度）来度量。土地禀赋等因素对采用决策过程的两个亚阶段都有可能产生不同的影响。

本书将实证分析土地禀赋、外部环境和农户禀赋对采用概率和采用密度的影响，并在此研究基础上提出促进农户做出采用生态农业技术决策的政策建议。

6.2 分析框架和研究假说

6.2.1 土地禀赋与采用决策

以土地利用结构的视角分析土地禀赋对农户采用生态农业技术的概率和密度的影响是一个有着探索意义的尝试。研究区农户土地禀赋的结构划分为二元地貌结构、细碎空间结构和斑状质量结构。

1. 二元地貌结构

二元地貌结构是在农户承包地的微观尺度上坡耕地与平坝田的面积对比关系。林毅夫（2008）以湖南为例研究发现地貌特征与农户采用新技术的决策关系显著，平原区与农户杂交水稻技术的采用概率和采用密度均为负向关系，与丘陵区均为正向关系，而与山区则分别是采用概率为正向关系、采用密度为负向关系；罗小锋（2011）发现由山地到丘陵再到平原，农户采用劳动节约型技术的比例逐次上升，而同时采用耕地节约型技术的比例则逐次下降。文献似乎表明纯山地比纯平原区农户更倾向采用新技术，但是这些研究仍然暗含一个假定：同一地貌区内的农户所拥有的土地禀赋是同质的，只是土地规模不同。陈玉萍和吴海涛（2010a）对云南南部山区改良旱稻采用决策的研究也涉及土地的地貌结构，发现人工梯田的面积比率高的农户旱稻种植面积比（即采用密度）更大，表明地貌结构对农业技术推广的影响不可忽略。不妨做如下假说。

假说 6-1a：农户耕地的坡坝比越大，金银花的采用概率和采用密度越大。

2. 细碎空间结构

细碎空间结构是指农户土地的地块在空间上的分散程度。研究者广泛关注土地细碎化对农业效率和土地流转的影响，但是对农户技术选择决策的影响研究不多。李小建等（2009）指出土地细碎化促进小规模多样化的种植。徐同道和吴冲（2008）的实证研究表明，耕地细碎化与农户选择优质小麦新品种的概率呈显著负相关关系，很可能是土地细碎空间结构使得土地流转的交易成本增加，进而成为规模化经营的障碍，但也有人认为土地细碎化可能有利于传统农户精耕细作（李谷成等，2008）。本书在农户承包地的微观尺度上以农户每亩坡耕地的地块数量来衡量细碎空间结构，但不易假设其影响方向。

假说 6-1b：农户每亩坡耕地的地块数量与金银花采用概率和采用密度的关系不确定。

3. 斑状质量结构

农户坡耕地是由石漠化程度不同的斑状地块组成的，形成土地的斑状质量结构。石漠化越严重的地块岩石裸露越多，肥力也越弱。农户在做出采用决定时土地的收益是重要的参考因素，土壤肥力贫瘠的地块会降低土地的平均收益，进而影响农户采用新技术的积极性。另外，斑状质量结构有可能使农业技术的临近式扩散方式转变为跳跃式扩散方式，从而影响农户的采用决策。本书在农户承包地的微观尺度上以抽样地块的石漠化率（即岩石裸露率）衡量斑状质量结构，并做如下假说。

假说 6-1c：农户坡耕地的石漠化率越大，金银花的采用概率和采用密度越小。

6.2.2 外部环境与采用决策

影响农业技术扩散的外部环境概括起来包括政府支持、贷款容易度、销售担忧和到示范基地距离四个方面，针对本研究区具体情况定义如下。

1. 政府支持

农业新技术的推广离不开政府对农民的扶持，而且政府的资金扶持对采用决定有正的作用（罗小锋和秦军，2010；徐同道和吴冲，2008）。金银花属于生态农业技术，具有正的外部性，单纯依靠市场机制不足以实现技术最优采用，因此政府的扶持政策对农户做出采用生态农业技术的决策应该有促进作用。

假说 6-2a：农户若能获得政府提供种苗及相应的栽培技术支持，金银花的采用概率和采用密度会提高。

2. 贷款容易度

罗小锋和秦军（2010）发现贷款容易度与农户对新技术的采用决定为显著正相关关系，但是也有研究指出信贷和资金制约并不一定会阻碍现代农业技术的应用（von Pischke and Adams，1980）。金银花的种植需要投入大量资金，农户的信贷可获得性对金银花采用决策应该有所影响。

假说 6-2b：农户越容易获得信贷支持，金银花的采用概率和采用密度越高。

3. 销售担忧

市场风险是影响农户技术选择的重要因素。据满明俊等（2010）的调查，农户在采用新技术时最先担忧的就是农产品的销售不畅。有实证研究表明，农产品若能够全部售出则农户采用该技术的概率大幅提高（郭晶和郑亚莉，2007）。农户如果能够获得相应的市场信息，则农业新技术采用率大幅提高（高启杰，2008）。金银花是一种完全面对市场的经济作物，农户所面临的市场环境对农户的采用决策应该有所影响。

假说 6-2c：农户若担心销售问题，则金银花的采用概率和采用密度都减小。

4. 到示范基地距离

随着远离技术成果的发源地，新技术的扩散效果逐渐衰减（Hagerstrand，1967），但是王武科等（2008）的实证研究表明，兼有经营性技术和生态农业技术双重特征的中间性技术与空间距离的关系不确定。金银花应该属于这种中间性技术，其传播取决于市场作用力和政府作用力大小的对比。

假说 6-2d：农户住家到金银花示范区的距离与金银花采用概率和采用密度的关系不确定。

6.2.3 农户禀赋与采用决策

概括起来，影响农业技术扩散的农户禀赋包括自身能力和拥有条件两大类。反映自身能力的能力禀赋有户主年龄、户主学历；反映拥有条件的条件禀赋有坡耕地面积、外出务工比例和农业收入比。针对本研究区具体情况定义如下。

1. 户主年龄

大量研究表明户主年龄越年轻越容易采用新技术，这被认为是年龄越大越趋于保守回避风险而排斥新技术的缘故，但也有研究表明年龄与环境友好型技术的采用决定没有显著关系，仅与采用密度为负相关关系（葛继红等，2010）。另外也有研究认为，年龄越大的农户种植经验越丰富，反而越有可能采用新技术（罗小锋和秦军，2010）。陈玉萍等（2010）的研究结果为年龄对新技术采用决策的影响并不显著，这可能与技术的经济属性有关，满明俊等（2010）发现老年人倾向劳动节约型技术。金银花属于生态农业技术，但不好断定是否属于劳动节约型技术，本章只简单对比中青年和中老年户主的技术采用决策的区别，并作如下假说。

假说 6-3a：农户户主年龄与金银花采用概率和采用密度的关系不确定。

2. 户主学历

前人研究表明农户户主学历与其新技术采用行为有较明显的正相关关系（Rogers，2003）。林毅夫（2008）、孔祥智等（2004）及 Saha 等（1994）的研究也证明这点，这是因为学历越高接受新事物的能力也越强。但是 Battese 和 Broca（1997）却发现教育水平对技术传播效率产生负的效应。宋军等（1998）发现随着农民受教育水平的提高，选择采用高产技术的比例下降，而选择节约劳动力技术的比例却呈上升趋势。满明俊等（2010）发现小麦良种技术的采用率与户主受教育水平正相关，但在户主受教育水平达到高中及以上水平时将出现拐点，其后转为负相关。葛继红等（2010）则认为农户文化水平与技术采用决策没有关系。可见，农户学历与技术采用决策的关系不能一概而论。

假说 6-3b：农户户主学历与金银花的采用概率和采用密度的关系不确定。

3. 坡耕地面积

大家庭拥有更大规模的耕地，即拥有规模经营的重要条件。多数观点认为农户的耕地面积越大越倾向采用新技术（林毅夫，2008；Saha et al.，1994；罗小锋和秦军，2010）。中国绝大多数农户的耕地规模过小，处于规模经济效应递增阶段。耕地规模越大，规模经济效应就越高，越有利于农户做出采用新品种技术的选择（唐博文等，2010）。孔祥智等（2004）、高启杰（2000）的研究结果却没有支持技术采用决策与经营规模的正相关关系，反而在某种程度上还得出规模与采用决策负向相关的结论。葛继红等（2010）的研究结论也是土地面积与新技术采用决策没有关系。速水佑次郎和拉坦（2000）认为现代农业技术是中性的，土地规模不是一个进入决策系统的有效变量。Khanna（2001）则指出简单技术与农户耕地面积没有显著关系，但复杂技术采用与经营规模成正相关。

上述文献相互矛盾的结论似乎表明耕地面积与农户技术选择的关系不是一次线性的，如朱农（2005）发现农户的耕地面积与非农活动的参与概率是 U 形曲线关系，因为可能存在一个农户转换经济活动性质的土地资本门槛。

假说 6-3c：农户坡耕地面积与金银花的采用概率和采用密度的关系可能为二次函数关系。

4. 外出务工比例

有研究表明兼业农户对采用农业新技术的积极性明显不高，而纯农户采用新技术的比率则较兼业户偏高（郭晶和郑亚莉，2007）。然而外出务工的现金收入是可以用于农业生产投资的，因此外出务工又有可能促进新技术的采用。农村外出务工农民的增加会使从事农业的劳动力变得稀缺，从而使得劳动节约型技术更受欢迎（林毅夫，2008），不断上涨的劳动力要素价格使农户对于节约劳动力的农业技术选择呈上升趋势，如外出务工比例的增加提高了农产品加工技术和农药使用技术的采用率（唐博文等，2010）。金银花采摘时需要大量劳动力，不好判断是否属于劳动节约型技术。但不妨做如下假说。

假说 6-3d：外出务工比例越大金银花的采用概率和采用密度越低。

5. 农业收入比

多数研究证明，农户收入水平与新技术采用率呈正相关关系（满明俊和李同昇，2010；郭晶和郑亚莉，2007）。另外，农户收入水平越高越关注劳动节约型技术（罗小锋和秦军，2010）。孔祥智等（2005a）发现，经济状况较好的农户对农业新技术并不感兴趣，反而是经济状况差的农户采用小麦新品种的可能性最大，这很可能是由于低收入农户对高产技术更感兴趣。唐博文等（2010）发现，农户年收入对新技术的采用没有显著影响。另有研究发现，农业纯收入越多或者农业收入占总收入比重越大的农户其新技术采用率越高（王永强和朱玉春，2009）。这说明需要对农户收入的构成进行分解。金银花是农业经济作物，可能更吸引以农为主的农户。

假说 6-3e：农业收入占总收入的比重越大的农户金银花的采用概率和采用密度越大。

6.3 数据说明、模型选择及假说检验

6.3.1 数据说明

本书选择的研究对象为重庆市巫山县福田镇金银花示范基地的周边农户。因为关注的是发生在坡耕地的石漠化治理和生态重建，所以模型的被解释变量限定为农户利用自家坡耕地的金银花采用决策行为。

样本统计表明，有效问卷 278 份的样本统计表明在坡耕地实际种植金银花的农户为 154 户，占比为 55.4%，低于如表 5-1 所示的不限于在坡耕地的采用意愿 61.8%，但高于只愿意在坡耕地的采用意愿 39.5%；金银花种植面积占坡耕地面积的比重平均每户为 37%；农户坡耕地面积是平坝田的 3.57 倍，平均为 5.60 亩；坡耕地较为细碎，并且石漠化率达到耕地面积的一半以上；农户户主多为中老年人，普遍学历不高；平均 25%的家庭成员长期外出务工；普遍存在贷款难和不易获得政府扶持的问题（表 6-1）。

表 6-1 变量说明与统计特征

变量		定义说明	均值	方差	预期影响方向
被解释变量		z_i、y_i			
	采用决定 z	已在坡耕地种植金银花=1，没有种植=0	0.55	0.25	
	采用密度 y	已种植金银花面积占坡耕地总面积的比重	0.37	0.33	
解释变量		X'_{1i}、X'_{2i}			
土地禀赋	二元地貌结构	以坡耕地与平坝田的面积比衡量，反映农户土地的地貌类型结构	3.57	11.82	+
	细碎空间结构	以每亩坡耕地的地块数量衡量，反映农户耕地在空间上的分散程度，单位：块/亩	0.90	0.23	?
	斑状质量结构	以抽样坡耕地地块的石漠化率（岩石裸露率，范围为0~100%）衡量，反映农户耕地肥力情况	0.56	0.04	−
外部环境	政府支持	反映政府对农户采用生态农业技术的扶持力度，能够获得种苗补贴及相应的栽培技术辅导=1，其他=0	0.40	0.24	+
	贷款容易度	反映农户用于生产的融资难易度，容易获得贷款=1，不容易=0	0.52	0.25	+
	销售担忧	反映农户进入市场难度，农户若能获得代理销售或上门收购的帮助=1，其他=0	0.57	0.25	+
	到示范基地距离	反映金银花生态示范基地到农户住家的距离，3 000米及以内=1；3 001~5 000米=2；5 001~10 000米=3；10 000米以上=4	3.40	1.32	?
农户禀赋	户主年龄	45岁以上（含45岁）=1；45岁以下=0	0.62	0.24	?
	户主学历	以户主受教育程度衡量，小学及以下=0；初中=1；高中及以上=2	0.67	0.45	?
	坡耕地面积	反映农户农业规模经营的条件，以每户的坡耕地总面积表示，单位：亩	5.60	24.46	$F(x^2)$
	外出务工比例	反映农户外出务工强度，以农户家庭成员中以外出务工为主的人数占家庭劳动力总人数的比例来表示	0.25	0.04	−
	农业收入比	反映农户经济状况，以农户打算种植或种植金银花前的全年农业收入占总收入之比表示	0.43	0.09	

注：+表示正相关；−表示负相关；? 表示不确定

  图 6-1~图 6-3 为土地禀赋结构五分位组的农户采用分布图。横坐标为土地禀赋结构指标的五个均分组，分组排序为从左至右由小到大；纵坐标为各组对应的农户新技术采用比例与采用密度均值。由图 6-1~图 6-3 可见，土地禀赋的结构与技术选择的关系曲线似为"U"形或倒"U"形，虽然缺乏相关的文献支持，但不妨将土地禀赋结构的平方引入模型，考察其是否有二次函数的关系。

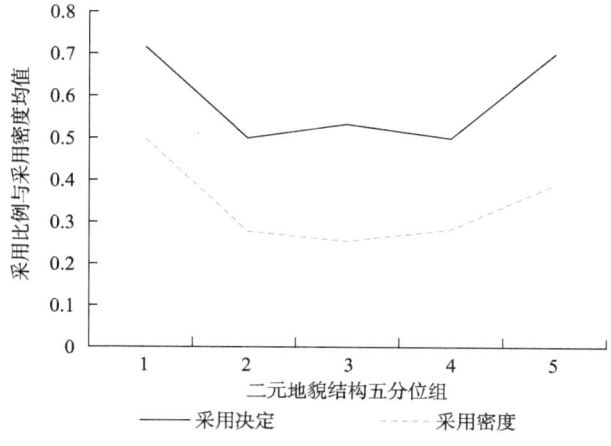

图 6-1　二元地貌结构五分位组的农户技术采用分布图

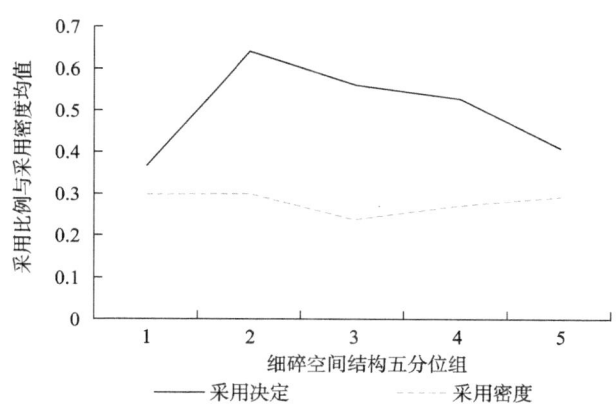

图 6-2　细碎空间结构五分位组的农户技术采用分布图

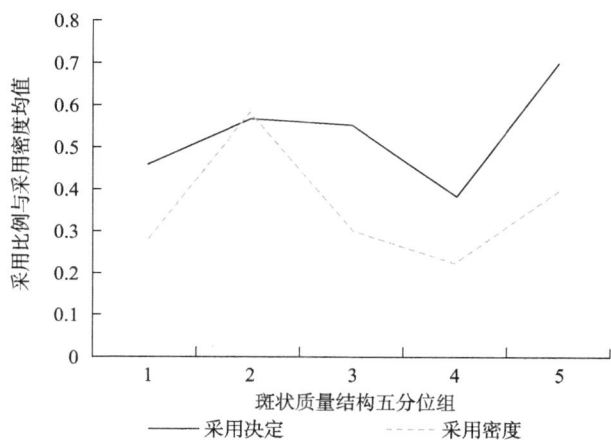

图 6-3　斑状质量结构五分位组的农户技术采用分布图

6.3.2 模型选择

对于已经采用生态农业技术的农户,我们有他们的采用密度数据及相应的解释变量数据,但是对于没有采用生态农业技术的农户却仅有解释变量数据,而缺失被解释变量数据,即属于受限被解释变量数据。这类数据可以用经典的 Tobit 模型估计,但是如此则意味着假定农户是否采用生态农业技术与采用多大程度是同一个决策过程。我们认为农户采用生态农业技术的决策其实分为两个步骤:一是决定是否采用;二是考虑种植多大面积。因此更适用于 Cragg(1971)对 Tobit 模型扩展改进的双栏模型(double hurdle model)。双栏模型又被称为广义 Tobit 模型,提出做出决定的方程和数量选择的方程可以有不同的估计系数,适合用于分析个体经济行为中两个不同决策阶段的影响因素,其实质是一个 Probit 模型和一个截尾回归模型(truncated regression model)的组合。它允许解释变量分别影响农户对生态农业技术的采用决定和采用程度这两个先后决策。双栏模型如下:

$$\begin{cases} z_i^* = \alpha X'_{1i} + u_i, u_i \sim N(0,1) \\ y_i^* = \beta X'_{2i} + v_i, v_i \sim N(0,\sigma^2) \\ \begin{cases} z_i = 1, z_i^* > 0 \\ z_i = 0, z_i^* \leq 0 \end{cases}, i=1,2,\cdots,n \\ \begin{cases} y_i = y_i^*, 如果 z_i^* > 0, 则 z_i=1 \\ y_i = 0, 如果 z_i^* \leq 0, 则 z_i=0 \end{cases} \end{cases} \quad (6\text{-}1)$$

其中,X'_{1i}、X'_{2i} 为解释变量;n 为变量的数量;α、β 为方程系数;u_i、v_i 为残差项,分布均服从古典假定。z_i^* 为农户的技术采用行为的潜在指示变量,不能被直接观测,若 $z_i^* > 0$,则 $z_i=1$,表示第 i 个农户采用生态农业技术;若 $z_i^* \leq 0$,则 $z_i=0$,表示该农户不采用生态农业技术。y_i^* 为采用密度的潜在变量,当 $z_i^* > 0$,且 $z_i=1$ 时,$y_i = y_i^*$,y_i 则为第 i 个农户的采用密度,即实际种植面积占坡耕地面积的百分比,为可以被观测到的连续变量;y_i^* 若取负值,此时潜在的变量无法被直接测量,相当于小于 0 的分布被从左边截尾。双栏模型似然函数如下:

$$L(\alpha, \beta, \sigma^2) = \prod_0 \left[1 - \Phi(\alpha X'_{1i}) \left(\frac{\beta X'_{2i}}{\sigma} \right) \right] \prod_1 \left[\Phi(\alpha X'_{1i}) \frac{1}{\sigma} \phi \left(\frac{y_i - \beta X'_{2i}}{\sigma} \right) \right] \quad (6\text{-}2)$$

式(6-2)表明双栏模型的似然函数是 Probit 模型和截尾回归模型的组合。首先,应用 Probit 模型以全部样本估计诸因素对采用概率的影响,其次,用截尾回归模型估计已种植的样本诸因素对采用密度的影响。本书采用极大似然估计法进行估计,具体应用 Stata 11.1 统计软件操作,模型均已回避多重共线性,结果如表 6-2 所示。

表 6-2 农户采用生态农业技术决策双栏模型估计结果

	解释变量	Probit 模型				截尾回归模型	
		模型 1		模型 2		模型 1	模型 2
		系数 α	边际效应	系数 α	边际效应	系数 β	系数 β
土地禀赋	二元地貌结构 坡坝比的平方			-0.209* (-1.33) 0.018* (1.31)	-0.079 0.007	-0.078** (-2.39) 0.002** (2.33)	
	细碎空间结构 每亩地块数的平方	1.353* (1.50) -0.754* (-1.71)	0.539 -0.300				-0.519* (-1.41) 0.282** (1.77)
	斑状质量结构 石漠化率的平方			1.663** (2.24) -1.232 (-0.39)	0.028 -0.021	2.699** (1.89) -2.411** (-1.83)	1.176** (1.55) -1.712* (-1.61)
外部环境	政府支持	0.893*** (2.58)	0.249	0.791** (2.13)	0.229		0.235*** (2.79)
	贷款容易度	-0.408* (-1.53)	-0.137	-0.440* (-1.54)	-0.149	0.255*** (2.77)	
	销售担忧	-1.027*** (-4.59)	-0.389	-0.139 (-0.50)	-0.047		-0.170** (-1.86)
	到示范基地距离	-0.009 (-0.07)	0.003	0.092 (0.62)	0.031	-0.029 (-0.67)	-0.028 (-0.73)
农户禀赋	户主年龄	0.605*** (2.70)	0.242				-0.178* (-1.94)
	户主学历	-0.408** (-2.26)	-0.134	-0.365** (-1.96)	-0.121	0.102* (1.56)	0.039 (0.66)
	坡耕地面积 坡耕地面积的平方	-0.176** (-2.09) 0.008** (2.11)	-0.058 0.003				-0.039 (-1.44) 0.001* (1.56)
	外出务工比例	-0.483 (-0.79)	-0.160			0.507*** (2.85)	
	农业收入比			0.605* (1.60)	0.241	-0.195* (-1.45)	
	常数项	-0.705** (-1.74)		0.210 (0.25)		0.148 (0.43)	0.482* (1.29)
	样本数	276		275		154	153
	LR 检验 / Wald 检验	39.03***		32.16***		14.04***	32.64***
	Prob>chi2	0.000		0.000		0.000	0.000
	Log likelihood	-93.466		-69.156		4.459	5.497
	Pseudo R^2 / Sigma	0.173		0.189		0.294*** (9.53)	0.254*** (10.26)

*、**、***分别表示单尾检验结果在 10%、5%、1%的统计检验水平上显著

注：（ ）内数字为 z 检验值；Probit 模型的边际效应（dy/dx）以 dprobit 指令算出，截尾回归模型的边际效应是其系数身，二次函数的边际效应为 $\alpha_i + 2\alpha_i X_{1i}$ 或 $\beta_i + 2\beta_i X_{2i}$，代入相应的系数或边际值计算均可；全部结果应用 Stata 11.1 输出

6.3.3 假说检验

1. 土地禀赋

1）二元地貌结构

二元地貌结构的一次项系数在 Probit 模型 2 和截尾回归模型 1 中均为负，二次项均为正，且分别在 10%和 5%统计检验水平上显著。这说明农户所拥有土地的坡坝比与金银花的采用概率和采用密度的关系不是一次线性的，而是二次函数关系，即呈"U"形曲线形态。这表明二元地貌结构对农户技术选择的影响存在"门槛效应"，即坡坝比低于某个门槛时，坡坝比对农户生态农业技术的采用概率和采用密度的影响均为负，而当坡坝比突破这一门槛时开始转变为正的影响。利用二次曲线的极值原理计算的这个门槛值分别为 5.8 倍和 15.8 倍，即在坡坝比小于 5.8 倍时，采用概率和采用密度趋于同方向下降，在 5.8~15.8 倍时为采用概率开始上升，但采用密度依然下降；当大于 15.8 倍时同步上升，即两个门槛值之间是采用概率和采用密度分别由递减逆转为递增的过渡阶段。样本统计表明，大于这一门槛值的样本分别只有 13.5%和 2.7%，所以说研究区二元地貌结构与农户技术选择决策主要为负相关关系。

对此一个合理的解释是，坡坝比涉及家庭内劳动力配置问题。设定一个只有男性和女性两个劳动力的典型农户家庭生产系统，在比较优势形成的农户家庭内部分工经济中，女性劳动力多集约经营相对较省力的平坝田以保证口粮供应，而相对费力且产出较低的坡耕地则被粗放经营仅提供家畜饲料，甚至被撂荒，这样节约下来的男性劳动力便可从事非农活动以最大限度地提高家庭收入。金银花的种植则对管护要求比较高，需要农户由粗放经营转变为集约经营，因此在一定限度内坡耕地比例越大劳动力短缺的农户则越无力种植金银花，此时表现为采用概率和采用密度递减。只有在坡耕地面积比例增大到一定程度之后即超过门槛值之后，才有可能激发家庭内劳动力的重新配置以采用新技术，此时坡坝比增大时采用概率和采用密度表现为递增。实质是只有坡耕地面积超过平坝田一定的倍数时在坡耕地采用生态农业技术的规模收益才会大于其他经营收益。结果表明研究区地形正是介于纯山区与纯平原区的一种过渡形态，新技术采用决策在坡坝比的门槛值一带发生逆转。

2）细碎空间结构

坡耕地细碎空间结构的一次项系数在 Probit 模型 1 和截尾回归模型 2 中分别为正和负，且均在 10%的统计检验水平上显著。二次项系数在 Probit 模型 1 和截尾回归模型 2 中分别为负和正，且分别在 10%和 5%的统计检验水平上显著。这说明坡耕地每亩地的地块数量与农户金银花的采用概率及采用密度的关系均为二次函数关系，分别呈倒"U"形和"U"形曲线形态。这表明坡耕地细碎空间结构对农户技术选择决策的影响也存在"门槛效应"，利用二次曲线的极值原理计算的门槛值都是约为每亩 0.90 块，恰好与样本均值相同。

一个合理的解释是，坡耕地细碎空间结构涉及农业经济组织问题。在土地细碎化低于一定限度内时采用概率渐高但采用密度渐小，这是一个采用农户的数量趋于增加但种植规模趋于减小的过程；当土地细碎化超过一定限度时采用概率渐低而采用密度渐高，这时转变为采用农户的数量趋于减少但种植规模趋于增加的过程。究其原因，应该是当土地细碎化不是很严重时，适宜广大农户调剂式的小规模分散种植以降低风险并增加收入；但是当土地过于细碎化时分散小片的种植已造成规模不经济，这时更容易通过土地流转的方式将其他农户放弃的小地块集中到少数效率较高的农业专业户手里，从而形成规模化种植。实地调查也发现金银花种植大户多有土地转入的情况。有研究指出，土地细碎化既促进农户多样化种植而分散工作强度以提高劳动效率，也由于增加交通时间而浪费劳动力（Stryker，1976），本研究区的这个逆转点为每亩 0.90 块，而且结果表明农户通过经济组织的调整似乎能够克服土地细碎化浪费劳动力的这个缺点。

3）斑状质量结构

坡耕地斑状质量结构的一次项系数在 Probit 模型 2 和截尾回归模型 1 中均为正，相对的二次项均为负，但 Probit 模型的二次项不显著，其余均在 5%的统计检验水平上显著。这说明农户所拥有地块的石漠化率与农户金银花的采用概率的关系为正的一次线性关系，而且边际效应表明，在所有自变量的平均值处，石漠化率每增加一个百分点，采用概率增加 2.8%。石漠化率与采用密度的关系为倒"U"形的二次曲线关系，表明坡耕地斑状质量结构对采用密度的影响也存在"门槛效应"。应用截尾回归的模型 1 和模型 2 计算其极大值处的石漠化率分别为 56.0%和 52.9%，由于模型 1 的可信度高于模型 2，因而门槛值取 56.0%，恰好相当于样本的平均水平。

一个合理的解释是，坡耕地斑状质量结构涉及农户的机会成本和土地的收益率问题。地块的石漠化率大则种植传统农作物的产出较低，种植其他作物的机会成本也小，因而金银花的种植概率随石漠化率增大而加大，并在一定范围内种植面积也相应变大，但是当石漠化率超过 56.0%时,收益率因生态环境的恶化而大减，从而使得采用密度开始下滑。这表明耕地生态环境若恶化到一定程度会降低农户采用新技术的预期收益，并进而降低农户采用生态农业技术的程度。

2. 外部环境

1）政府支持

政府支持的系数在 Probit 模型 1 和截尾回归模型 2 中均在 1%的统计检验水平

上为正，假说 6-2a 得到验证。这说明在其他条件不变的情况下，农户若能够获得政府提供的种苗和技术辅导等支持，采用概率和采用密度都大幅提高。而且边际效应表明，在其他自变量不变的情况下，能够获得政府支持的农户比不能获得政府支持的农户采用生态农业技术的概率高 24.9%，采用密度增加 0.235 个百分点。结果表明对农户采用生态农业技术给予政策支持非常有效。

2）贷款容易度

贷款容易度的系数在 Probit 模型 1 和模型 2 中在 10%的统计检验水平上为负，在截尾回归模型 1 中在 1%的统计检验水平上为正。而且边际效应表明，在其他自变量不变的情况下，农户若容易获得贷款则使农户金银花种植概率下降 14.9%，但能使种植密度提高 0.255 个百分点。结果与假说 6-2b 有所出入，一个合理的解释是，金银花并非农户投资首选，容易获得贷款可能反而使农户转向其他收益更高更安全的经营活动，但是一旦已经采用生态农业技术，贷款容易则能够促进农户扩大种植规模。这说明不能笼统谈信贷对农户采用生态农业技术决策的影响，只有对农户采取定向信贷支持才最有利于推进生态农业技术的扩散。

3）销售担忧

销售担忧的系数在 Probit 模型 1 和截尾回归模型 2 中分别在 1%和 5%的统计检验水平上为负，假说 6-2c 得到验证。这说明在其他条件不变的情况下，农户若担忧产品销路的问题，则使采用概率和采用密度都下降。而且边际效应表明，在其他自变量不变的情况下，有产品销路担忧的农户比没有这种担忧的农户金银花的采用概率和采用密度将分别下降 38.9%和 0.170 个百分点。金银花不同于其他农产品，几乎完全面对市场，若有机构或组织代为拓展销售渠道，则会大幅降低市场风险，进而促进农户做出采用决策。

4）到示范基地距离

到示范基地距离的系数统计上均不显著。金银花似乎属于王武科等（2008）所说的兼有经营性技术和生态农业技术双重特征的中间性技术，空间距离对农户进一步做出采用决策不构成影响。

3. 农户禀赋

1）户主年龄

户主年龄的系数在 Probit 模型 1 和截尾回归模型 2 中分别在 1%和 5%的统计检验水平上为正和负。而且边际效应表明，在其他自变量不变的情况下，中老年农户比中青年农户采用概率大 24.2%，采用密度则下降 0.178 个百分点。这说明有可能户主年龄越大，金银花采用概率越高，因为老年人非农就业机会少，务农机会成本更低，但是随着老年人年纪增大体力下降，采用密度却随之降低。

2）户主学历

户主学历的系数在 Probit 模型 1 和模型 2 及截尾回归模型 1 和模型 2 中分别在 5%和 10%的统计检验水平上为负和正。而且边际效应表明，在其他自变量不变的情况下，户主学历每提高一个等级，金银花采用概率下降 13.4%，但采用密度增加 0.102 个百分点。这说明金银花对高文化水平农户的吸引力不大，很可能是农户学历越高非农就业机会越多，就越不愿意采用生态农业技术。学历较高的农户虽然较少采用生态农业技术，但是一旦采用则有能力进一步加大采用密度。

3）坡耕地面积

坡耕地面积的一次项系数在 Probit 模型和截尾回归模型中均为负，二次项均为正，且分别在 5%和 10%统计检验水平上显著。这说明农户拥有的坡耕地面积与农户种植金银花的概率及采用密度的关系不是一次线性的，而是均为二次函数关系，呈"U"形曲线形态。综上结果表明土地禀赋对农户技术选择的影响不但存在一个坡坝比的相对临界值，而且存在一个坡地面积的绝对临界值，利用二次曲线的极值原理计算的采用概率和采用密度的临界值分别为 10.6 亩和 14.7 亩。对此解释同样是坡耕地面积小于一定界限时坡耕地面积越大农户越无力广泛且深入地采用新技术，而当坡耕地面积超过这个限度时农户才会重新调整劳动力逐步加大新技术的采用概率和采用密度。农户在技术与资本可获取的情况下，倾向扩大农地经营规模以获取农地规模经营效应。本章研究表明，农户要取得规模效益递增的前提是耕地面积须超过一个临界值。样本统计表明，分别仅有 14.7%和 7.9%的农户的坡耕地超过临界值，即研究区坡耕地面积与农户生态农业技术的采用决策主要为负相关关系。前述的文献中关于耕地面积对农户技术采用决策有负和正两个方向影响的结论，很可能是这些研究中各自样本的耕地面积分别位于当地门槛值的前后。

4）外出务工比例

外出务工比例的系数在 Probit 模型和截尾回归模型中分别为负和正，但只有在截尾回归模型中在 1%的统计检验水平上显著。边际效应表明，在所有自变量的平均值处，农户外出务工比例每增加一个百分点，农户的金银花采用密度提高 0.507 个百分点。很可能是虽然外出务工多的家庭对采用生态农业技术兴趣不高，但务工收益有可能为金银花扩大种植提供资金支持。

5）农业收入比

农业收入比的系数在 Probit 模型和截尾回归模型中在 10%的统计检验水平上分别为正和负，与假说 6-3e 有出入。而且边际效应表明，在所有自变量的平均值处，农业收入比重每增加一个百分点，金银花采用概率增加 24.1%，但采用密度减少 0.195 个百分点。这说明农业收入高的农户更依赖农业种植，对金银花种植也更有兴趣，但却不愿意更多地代替传统作物而扩大金银花的种植面积。

6.4 本章小结

本章主要从土地利用结构的视角分析研究区土地禀赋等要素对农户采用生态农业技术决策的影响，研究结论如下。

1. 土地禀赋的"门槛效应"

（1）结果表明本章构建的衡量土地禀赋的结构指标体系在模型中有较好的解释度，说明土地禀赋对农户采用生态农业技术的决定和程度这两个阶段都有显著的影响。

（2）本章应用双栏模型实证检验发现土地禀赋对农户的生态农业技术采用决策的影响多是二次函数关系，存在一个"门槛效应"或"临界效应"。只有农户土地的相对规模和绝对规模以及完整连片程度达到一个门槛值以上时，或者说农户分散的坡耕地小地块只有联合成完整大片的土地并且须在一定规模以上时才有利于生态农业技术的扩散。

（3）农户坡耕地的面积或坡耕地相对于平坝田的面积比小于最小临界值之前，其与生态农业技术采用概率和采用密度的关系都是负相关的，在超过最大临界值之后才会转变为正相关，正负逆转之间有一个过渡阶段。这个临界值在 5.8~15.8 倍，本书认为该临界值是启动农户家庭内部劳动力重新配置以采用生态农业技术的门槛阈值。

（4）在坡耕地细碎化程度小于一定的临界值之前，随着土地细碎化程度的增加农户的生态农业技术采用概率渐大、采用密度渐小，而超过临界值每亩 0.90 块之后，是采用概率渐小、采用密度渐大。到达临界值之前是农户趋于广泛种植但规模趋小，之后是趋于少数农户种植但规模趋大。本书认为这个临界值是启动农户之间土地重新配置将土地流转到经营大户以采用生态农业技术的门槛值。

（5）坡耕地石漠化率越高农户采用生态农业技术的概率和密度有可能越大，但是超过 56.0%以后采用密度渐小，说明这个临界值为最优种植规模也是最大种植规模。可见在石漠化严重的地区不利于生态农业技术的深入推广。

（6）土地禀赋对农户的新技术采用决策的影响有"门槛效应"，但特点各不相同。二元地貌结构的门槛值是采用密度比采用概率滞后，细碎空间结构的门槛值是采用密度与采用概率同步，斑状质量结构的门槛值是仅采用密度单一显著。这是偶然现象还是另有必然原因有待今后研究。

2. 外部环境的推动作用

政府支持是生态农业技术推广的最大推力，而市场风险则是最大的障碍；农户住家到技术扩散源的距离不构成有效的变量。这表明生态农业技术明显不同于普通高产农业技术，其经济正外部性的特性明显，需要外界强大的支持才能推动扩散。

容易获得信贷对扩大种植面积有促进作用，但如果某项农业技术不是农户首选，那么农户容易得到贷款反而会使农户转向其他投资而降低采用该技术的可能性。这说明针对某项农业新技术的定向信贷才有可能促使农户对其做出采用的决定。

3. 农户禀赋的障碍作用

年纪大、学历低、外出务工比例低、收入主要依赖农业的农户相对来说采用生态农业技术的概率更大，但是采用密度却更小。这表明这样类型的农户虽然对生态农业技术更感兴趣，但是受到各方面能力的限制无力扩大种植规模，是有心栽秧，无力多种，因此这一类群体不利于可持续的生态重建。

4. 政策启示

研究发现土地禀赋对农户技术选择决策的影响存在一个"门槛效应"。农户分散的坡耕地小地块只有流转为连片土地并且达到一定规模以上时才最有利于推广生态农业技术。结论对研究区因地制宜的政策制定具有非常独特的意义。

（1）农户坡耕地的面积超过10.6亩或者面积超过平坝田的5.8倍时，推动农户各家单独集约化和规模化采用生态农业技术将变得更加容易。

（2）农户坡耕地的地块超过每亩0.90块时，推动农户之间联合起来规模化采用生态农业技术将变得更加容易。

（3）对在石漠化率超过56.0%的坡耕地采用生态农业技术应该加大扶持力度或者干脆放弃支持。

（4）提供技术、销售和定向信贷方面的支持有利于推动生态农业技术的扩散。

（5）应该鼓励年轻、文化水平高、有外出务工经验、有现金收入的农户种植金银花。

第 7 章 农户选择生态农业经济组织形式的影响分析

农户采用某一种农业技术必然涉及选择何种经济组织的问题,即必然以某种类型的经济组织形式采用生态农业技术。本章重点关注的是土地禀赋等要素对农户种植金银花的组织形式的选择意愿的影响,以期在研究的基础上为农户在采用生态农业技术过程中形成有效的经济组织提出因地制宜的政策,进而推动生态农业技术在生态脆弱区的有效传播。为便于叙述,本章将农户在采用生态农业技术时的经济组织形式的选择意愿简称为组织意愿,组织意愿的选择是本书农户经济行为的第四个采用方式阶段。

7.1 农业经济组织形式选择

7.1.1 农业经济组织

农业经济组织是指为了实现一定的经济目标和任务而从事农业生产经营活动的单位或群体。关于农业经济组织的分类很多,本书特别关注基于土地利用形式的农业经济组织分类,因此将农业经济组织定义为土地经营的组织形式。农业经济组织类型有小型家庭、家庭农场、合作经济组织形式,这几个组织形式对土地利用的强度表现为逐渐增强的趋势。小型家庭组织是农户利用自家土地进行耕种,是一种最简单也是最基本的经济组织;家庭农场组织是通过吸纳其他农户的土地扩大种植规模,但依然以家庭为单位独立经营;合作经济组织是多家农户的土地通过入股等形式集中在一起进行经营。可见,农业经济组织的变化涉及土地流转问题。

在我国现有的土地制度下,农地流转其实就是承包经营权的流转。现阶段我国土地流转方式在区域之间差异很大，主要有转包、租赁和股份合作三种形式。土地转包是农民集体经济组织内部农户之间的土地承包经营权的转让方式，通过签订农村土地承包经营合同的方式取得农村集体土地的经营权和使用权进行农业生产，承包方需向转包方支付约定的承包金。土地租赁是农户将土地承包经营权转让给本村经济合作社以外的个人或组织从事农业生产，承租人通过租赁合同取得土地使用权，并向出租的农户支付租金。土地股份合作是指在家庭承包经营的基础上，农户按照自愿有偿的原则，以土地承包经营权入股联合经营并共享收益的农业合作形式。岳意定和刘莉君（2010）通过比较三种土地经营组织的绩效发现通过股份合作制带来的经济效益大于租赁和转包的形式，这说明土地股份合作制是一种更为高级的土地经营组织形式。

土地转包是很常见的土地流转方式。土地租赁在我国农地租赁市场已经具备一定规模，但就实际发生租赁的土地数量、合约期限来看，距离真正的农业规模化经营还相去甚远，未能充分发挥土地租赁市场对农地资源的有效配置，很多方面仍需进一步完善。土地股份合作制主要发生在经济较为发达的农村地区，其在具体实施中受到许多外部环境和内部因素的制约。

前人文献中关于组织意愿影响因素的研究较多，概括起来为土地禀赋、外部环境和农户禀赋（林善浪和张丽华，2009；黎霆等，2009）。而且许多文献中关于土地禀赋对组织形式选择影响的研究也有涉及，但前人仅仅是把自然环境或土地资源作为零散的影响因素，没有构建自成体系的土地禀赋的结构指标。唐文金（2008）研究农户资源禀赋与转入土地意愿的关系，指出家庭耕地面积与土地流转意愿具有较强的负相关性，以及丘陵地区农户地块的分散化和细碎化会导致效益低下，但没有具体实证细碎化与组织形式选择的关系。由此可见，土地细碎化被学者普遍认为对农业生产不利，但其对土地经营组织形式选择的影响并没有被明确关注。另外，前人研究很少将农业经济组织选择与特定的农业技术联系起来，本章认为土地禀赋是两者联系的重要纽带，也正是本章的重点之一。

农业经济组织形式的选择实质上是对现有农地制度的创新、优化和对现有农地资源的重新配置。经过改革开放四十多年的探索、调整、改革，我国农地市场逐步形成多层次、多方法的土地流转制度，土地经营组织形式选择开始日趋多样。组织形式选择的多样化，提高农地流转的发生率，从一定程度上优化农地资源配置，提高农业生产率。由此可见，农业经济组织形式关系到农业技术的采用效率，而土地禀赋对于组织形式的选择意愿有不可忽视的影响。

7.1.2 土地经营组织形式选择

本章在借鉴前人的研究成果基础上并结合研究区域具体情况，将农户对种植金银花的经济组织的选择意愿分为自种自地、土地转入和土地股份合作制三种由低级到高级的形式，也反映一个经济组织优化的方向。既有文献一般只关注某一种组织意愿的影响因素，很少将三种意愿进行统一的比较研究，而本章拟将其置于组织意愿的优化系列研究其影响因素。

1. 自种自地

农户自种自地即家庭经营，是指农户不愿发生土地流转，安于自身土地现状，属于传统自耕农。这种以家庭为单位的土地经营具有风险低、效率高等优点，由于受到土地面积小和细碎分散的影响，这种经营形式注定难以实现规模化经营。

2. 土地转入

对农户而言，土地流转分为土地转出和土地转入，本章讨论的是土地转入。本章将土地转入定义为仅指发源于农户间自发的土地转包、转让等行为，不包括企业、政府主导下的土地流转。愿意通过土地流转转入土地扩大种植规模的农户大多是当地的种地能手、专业经营户、资金充裕者和劳动力充足者。土地转入者可扩大种植规模并逐渐发展为家庭农场，规模化的种植能够产生规模效益，属于应该被鼓励的经济组织形式。影响农户进行土地转入的因素较为复杂，林善浪和张丽华（2009）研究发现农民土地转出和土地转入的影响因素各不相同，农民在进行土地转入决策时，主要考虑家庭实际情况及自身人力资本情况。黎霆等（2009）研究指出，影响土地转入的因素比影响土地转出的因素简单，土地转入影响因素主要有农户年龄、家庭人口、文化程度、非农收入、政策预期等。

上述研究普遍忽视农户间不同的土地禀赋对农户土地转入决策的影响，本章将重点考察这一影响因素。

3. 土地股份合作制

土地股份合作制是农户以特定的土地为股份进行土地经营的组织形式，是在保持家庭联产承包责任制基本内核基础上的制度创新，也是一种更为高级的土地经营组织形式。农地股份合作制有助于农地经营规模的适度扩张和农民收入的增加。土地股份合作制对于农业生产的意义非凡：一是有助于实现农村经济的产业化；二是有助于农业种植实现规模经济；三是有利于解放农村劳动力。土地股份合作制对于生态脆弱区生态农业技术的推广意义重大，有助于更高水平地实现生态效益和经济效益。

土地股份合作制的推行需要一定的背景环境和实施条件，离不开政府的政策支持和服务扶持。我国实行土地股份合作制并取得成功的地区往往是工业化和城市化程度高、二三产业极其发达、农村人口大量转移的地区。有研究指出，土地股份合作制形成的三个条件如下：健全和活跃的土地市场以保证土地的顺利流转、创造就业机会以减少农民离开土地的后顾之忧及充分考虑制度的推行成本。

上述研究普遍忽视农户间不同的土地禀赋对土地股份合作制选择的影响。本章将在借鉴前人研究成果的基础上重点考察这一影响因素。

7.2 分析框架和研究假说

7.2.1 土地禀赋与农业经济组织

本章将农户种植金银花的组织意愿分为自种自地、转入土地和土地股份合作制三种由低级到高级的形式。研究区土地禀赋结构为二元地貌结构、细碎空间结构及斑状质量结构。土地禀赋是农户尺度耕地空间分异规律的具体表现，也是农户在各种级别经济组织形式中进行选择的一种外部约束条件。

1. 二元地貌结构

关于不同地形下农户对土地经营组织形式的选择，我国学者早有研究，但较少涉及微观层次。林善浪和张丽华（2009）在对福建省农村地区的调查研究时，将当地农户所在地的地形分为平原、山地和丘陵地区三类，分析结果显示山区地形对土地转入具有明显的负向作用，即居住在山区地形的农户不愿意转入土地的概率会比较大。前人文献似乎表明山地农户比平原区农户的组织意愿的级别要低，但是这些研究仍然暗含同一地貌区内农户所拥有的土地禀赋是同质的假定。本书在农户承包地的微观尺度上以坡耕地与平坝田的面积比来衡量二元地貌结构，据调查，西南地区农户土地的坡坝比不同则农户的土地转入和转出意愿也有所不同。因此作如下假说。

假说 7-1a：农户土地的坡坝比越大，种植金银花的经济组织形式选择意愿的级别越低。

2. 细碎空间结构

土地的细碎化成为农业生产率提高的障碍，必须通过土地流转将土地集中到农业经营大户。石璐璐和赵敏娟（2011）基于陕西省的农户调查数据的分析结果显示地块数与土地转入意愿二者呈正向关系。张丁和万蕾（2007）对我国15个省区农户土地承包经营权流转影响因素的研究却得出相反的结论，农户的土地在空间上越细碎，继续转入土地的意愿就越低。由此可见，土地细碎化是影响农户土地经营组织形式选择的重要因素之一，并且其对于土地经营组织形式的影响方向和程度在不同地区的农户之间有所不同。本书根据研究区实际情况，用细碎空间结构来定义土地细碎化，即从微观尺度上以农户每亩坡耕地的地块数量来衡量农户土地在空间上的细碎程度，但不易假定其影响方向。

假说 7-1b：农户每亩坡耕地的地块数量与种植金银花组织形式选择意愿级别的关系不确定。

3. 斑状质量结构

每个斑块状的地块石漠化程度各自不同，石漠化越严重的地块岩石裸露越多，土壤肥力越弱，越不适合农作物的生长。孔祥智和徐珍源（2010）指出肥力高的土地更加倾向在亲属朋友间流转，肥力低的土地更加倾向在一般对象间流转。文献似乎表明土地肥力会影响农户对土地经营组织形式的选择级别，但是关于农户土地的斑状质量结构与农业经济组织形式选择关系的研究很少见。因此，本书将微观尺度的个体农户土地的斑状质量结构纳入影响因素的分析，以农户拥有的坡耕地抽样地块的石漠化率加以度量，并作如下假说。

假说 7-1c：农户坡耕地的石漠化率越大，组织意愿的级别越低。

7.2.2 外部环境与农业经济组织

影响农户组织形式选择意愿的外部环境因素概括起来包括政府支持、贷款容易度、销售担忧和到示范基地距离四个方面，针对本研究区具体情况定义如下。

1. 政府支持

农户对土地经营组织形式的优化选择需要政府的支持，农户从政府获得的支持越多，土地经营组织形式优化行为发生的概率就越大。当然经营组织优化需要农户内生动力来实现，单纯靠行政手段往往难以达到最优水平。研究区地形以山地为主，交通不便、信息闭塞，农户自主性较弱，特别是在经济组织选择过程中可能会出现各种困难、问题和纠纷，都需要政府的公信力、动员力和组织力。因此在推广新技术和优化土地经营组织形式的过程中，若能够得到政府的支持，会对农户产生积极的影响作用。

假说 7-2a：若能获得政府的技术或资金支持，则农户组织意愿级别提高。

2. 贷款容易度

对新技术的采用需要大规模的种植才能获得规模经济效益。大规模种植的成本既包括金银花的种植成本,也包括土地转入所需要支付的租金或费用。在西部农村地区,农户普遍缺乏资金是大规模种植的主要阻碍因素之一,如果农户能够方便地从金融机构获得贷款,则会对农户土地经营的组织形式选择产生正面影响。事实表明,容易获得贷款的地区土地流转发生得更普遍些。

假说 7-2b:农户越容易获得信贷支持,组织意愿级别就越高。

3. 销售担忧

销售是农作物走向市场实现盈利的重要环节。一个有保障的销售机制必然能够减轻农户心理负担,促进农户进行大规模的种植,进而对土地经营组织形式的选择产生正面影响。如果农户担心销路问题,必然会寻求更具保障性的高级经济组织。

假说 7-2c:农户若担心销售问题,组织意愿的级别则提高。

4. 到示范基地距离

根据技术扩散理论,到示范基地距离较近的农户势必能够比相对较远的农户花费更少的资金成本和时间成本而获得便捷的技术指导,并且能够充分享受示范基地技术外溢所带来的正外部性效益,这对于农户土地经营组织形式的选择应该具有一定的正面影响。

假说 7-2d:农户住家到金银花示范区的距离越远,组织意愿的级别越低。

7.2.3 农户禀赋与农业经济组织

农户禀赋包括自身能力和拥有条件两大类。反映自身能力的农户能力禀赋因素有户主年龄、户主学历;反映自身拥有条件的农户条件禀赋因素有坡耕地面积、外出务工比例和农业收入比。针对本研究区具体情况定义如下。

1. 户主年龄

学界普遍认为户主年龄对土地经营组织形式的选择有重要的影响。黎霆等(2009)基于山东省莱阳市、江苏省通州市[①]、重庆市奉节县三地的调查数据发现户主的年龄越大越不愿意进行土地转入。可能是因为受到劳动力限制,无法负担

---

① 2009 年 3 月经国务院批准,撤销通州市,设立南通市通州区。

大面积土地的耕作任务,也很可能是农户年纪越大就越厌恶和规避风险,从而导致高龄农户不愿进行土地转入。本章只简单对比中青年和中老年户主的组织意愿的区别,故作如下假说。

假说7-3a：中老年农户比中青年农户的组织意愿级别要低。

2. 户主学历

户主学历历来被学界作为考察农户经济行为影响因素的重要指标。徐占军等（2008）在对江苏地区农户的调查研究后指出,具有高中文化程度的农户明显比文化程度较低的农户体现出更强烈的土地转入或转出两种意愿。史清华和贾生华（2002）研究指出,在经济发达地区,文化程度与土地转入意愿的关系较强,在经济落后地区,二者关系则较弱。本研究区属于典型的经济落后地区,户主学历与土地经营组织形式选择意愿的关系可能并不明确。

假说7-3b：农户户主学历与土地经营组织形式选择意愿的关系不确定。

3. 坡耕地面积

农户现有坡耕地面积对农户的土地经营组织形式选择影响较大,一般认为,拥有某一类型土地越多的农户越倾向该类土地的转入。卞琦娟等（2010）对浙江省农户土地转入影响因素的研究中,发现农户现有耕地面积是农户土地转入行为的重要影响因素,现有耕地越多农户转入土地越多。这一结论仅是根据平原地貌农地的研究而得出的,在二元地貌特征明显的地区是否适用还不得而知。不妨先做如下假说。

假说7-3c：农户坡耕地面积越大组织意愿的级别越高。

4. 外出务工比例

外出务工人数占家庭劳动力总数的比重直接影响到农户的农业生产劳动投入强度。如果农户从事二三产业的人数居多,则相对缺乏从事农业生产的劳动力,自然不会转入大片土地,而可能更倾向通过转包、租赁等方式将土地转出。孙保敬和南灵（2010）基于我国13个省市的研究证实这一推论,他们指出家庭成员中从事二三产业较多的农户转出土地的较多,而从事农业生产较多的农户则更加倾向转入土地。刘洋和邱道持（2011）对重庆的研究结论则是外出务工导致从事农业生产的劳动力减少,可能诱使农户加入土地股份合作组织,使农户不必直接参与种植活动而可以专心务工。因此外出务工比例与组织意愿的关系在两个方向均有可能。

假说7-3d：外出务工比例与组织意愿关系不确定。

5. 农业收入比

农业收入和非农业收入几乎构成我国农户收入的全部来源，二者的关系此消彼长，对土地经营组织形式的选择有重要影响。一般研究认为非农业收入水平与土地经营组织形式的选择呈显著的正向关系。农户非农收入比例越大越有可能通过土地股份合作的形式解放劳动力，从而对农业生产的组织形式产生更高的要求。

假说 7-3e：农业收入占总收入的比重越大农户的组织意愿级别越高。

7.3 数据说明、模型选择及假说检验

7.3.1 数据说明

作为治理石漠化的生态农业技术金银花只有大规模种植才能获得可观的经济效益，进而激励农户广泛种植，但是单个农户在空间上分散种植不可能达到规模收益，因此必然面临通过土地流转重新选择土地经营组织形式的问题。

在研究区金银花示范基地周边接受调查的农户中，不愿意种植金银花的农户占有效样本总体的 3.3%，此类农户因不采用新技术，故不涉及土地转入，因此，在被解释变量中令其为 0；样本中愿意采用新技术的农户占样本总体的 96.7%，其中有 55.4%的农户虽然愿意种植金银花，但不愿意进行任何形式的土地转入，只愿意在现有坡耕地上耕种（简称自种自地），在被解释变量中令其为 1；样本中采用新技术并且愿意转入土地，方式为转包、转租等非土地股份合作制的农户占样本总体的 36.3%，在被解释变量中令其为 2；样本中采用新技术并且愿意进行土地股份合作的农户占样本总体的 5.0%，在被解释变量中令为 3。于是被解释变量便由上述四种情况构成，具体比例如表 7-1 所示。在 278 份有效样本中组织意愿与其他数据能够完整匹配的样本只有 152 份。

表 7-1 农户采用生态农业技术的土地经营组织形式选择意愿分布表

比例统计	不愿意种植金银花	愿意种植金银花		
		自种自地	土地转入	土地股份合作制
各种意愿比例	3.3%	55.4%	36.3%	5.0%
样本合计	3.3%	96.7%		
	100.0%			

具体指标及统计特征见表 7-2。从二元地貌结构方面来看，农户坡耕地面积为平均 5.60 亩，是平坝田的 3.57 倍；从细碎空间结构方面来看，坡耕地每亩 0.90 块/亩；从斑状质量结构方面来看，石漠化率达到平均 56%。

表 7-2　变量说明与统计特征

	变量	定义说明	均值	方差	预期影响方向
	被解释变量	y_i			
	组织意愿	对土地经营组织形式的选择意愿，不种植=0；自种自地=1；土地转入=2；土地股份合作制=3	1.40	0.43	
	解释变量	x_i			
土地禀赋	二元地貌结构	以坡耕地与平坝田的面积比衡量，反映农户土地的地貌类型结构	3.57	11.82	−
	细碎空间结构	以每亩坡耕地的地块数量衡量，反映农户耕地在空间上的分散程度，单位：块/亩	0.90	0.23	?
	斑状质量结构	以抽样坡耕地地块的石漠化率（岩石裸露率，范围为0~100%）衡量，反映农户耕地肥力情况	0.56	0.04	−
外部环境	政府支持	反映政府对农户采用生态农业技术的扶持力度，能够获得种苗补贴及相应的栽培技术辅导=1，其他=0	0.40	0.24	+
	贷款容易度	反映农户用于生产的融资难易度，容易获得贷款=1，不容易=0	0.52	0.25	+
	销售担忧	反映农户进入市场难度，农户若能获得代理销售或上门收购的帮助=1，其他=0	0.57	0.25	+
	到示范基地距离	反映金银花生态示范基地到农户住家的距离，3 000 米及以内=1；3 001~5 000 米=2；5 001~10 000 米=3；10 000 米以上=4	3.40	1.32	−
农户禀赋	户主年龄	45 岁以上（含 45 岁）=1；45 岁以下=0	0.62	0.24	−
	户主学历	以户主受教育程度衡量，小学及以下=0；初中=1；高中及以上=2	0.67	0.45	?
	坡耕地面积	反映农户农业规模经营的条件，以每户的坡耕地总面积表示，单位：亩	5.60	24.46	+
	外出务工比例	反映农户外出务工强度，以农户家庭成员中以外出务工为主的人数占家庭劳动力总人数的比例来表示	0.25	0.04	?
	农业收入比	反映农户经济状况，以农户打算种植或种植金银花前的全年农业收入占总收入之比表示	0.43	0.09	+

注：+表示正相关；−表示负相关；? 表示不确定

在外部环境因素中，获得政府支持的比率偏低，获得贷款的难度为中性，获得销售帮助的比率偏低；在农户禀赋中，研究区农户年龄普遍偏大，45 岁以上的农户占六成以上，老龄化趋势非常明显，而文化程度普遍较低，大部分农户只有初中及以下文化水平；外出务工方面，平均每户有约四分之一的劳动人口外出务工，农业年收入（不计金银花种植收益）占年总收入的43%。

7.3.2 模型选择

本章的被解释变量分别为不种植、自种自地、土地转入和土地股份合作制四个选项，属于离散数据，故而不适用于经典的计量经济学模型，而适用于离散选择模型（discrete choice model，DCM）。离散选择模型的被解释变量为非线性，所以需要将其转化为效用模型进行估计，又由于被解释变量的四个选项之间存在顺序关系，即从 0 到 3 表示经济组织的高级化方向，故适用于排序多元选择模型，因此模型设置如下：

$$y_i^* = \beta_i x_i + u_i, \quad i = 1, 2, 3, \cdots, n \tag{7-1}$$

其中，x_i 为影响因素；n 为影响因素的数量；β_i 为回归方程系数，并假定残差 u_i 符合古典假定；y_i^* 为不可能直接观测的潜在连续变量，实际上观测到的被解释变量是

$$y_i = \begin{cases} 0 & (y_i^* \leqslant c_1) \\ 1 & (c_1 < y_i^* \leqslant c_2) \\ 2 & (c_2 < y_i^* \leqslant c_3) \\ 3 & (c_3 < y_i^*) \end{cases} \tag{7-2}$$

给定 x 值的累积概率可以用如下一般形式表示：

$$P(Y = j) = F(c_{j+1} - \beta x) - F(c_j - \beta x), \quad j = 0, 1, 2, 3 \tag{7-3}$$

其中，c 为割点；j 为选项。

似然函数则为

$$l(y|\beta; c_1, c_2, c_3) = \prod_{i=1}^{n} \prod_{j=0}^{j} \left[F(c_{j+1} - \beta' x_i) - F(c_j - \beta' x_i) \right]^{z_{ij}} \tag{7-4}$$

其中，当 $i = j$ 时 $z_{ij} = 1$，否则 $z_{ij} = 0$。

由此即可用极大似然估计法进行参数估计，本章利用计量软件 Stata 11.1 进行估计。先将所有变量包括土地禀赋和耕地面积的二次项引入回归方程，经过检验，土地禀赋和耕地面积的二次项均不显著，农户住家到示范基地的距离也没有意义，均从模型中剔除。经过逐步回归，最后选取四个解释程度较好、具有一定说服力的模型。每个模型均已回避多重共线性，输出结果如表 7-3 所示。

表 7-3 农户土地经营组织形式选择意愿模型估计结果

变量		模型 1		模型 2		模型 3		模型 4	
解释变量		系数 β	Z 值	系数 β	Z 值	系数 β	Z 值	系数 β	Z 值
土地禀赋	二元地貌结构	0.215	0.16	0.255*	1.88	0.169*	1.83		
	细碎空间结构	0.953*	1.72	1.597***	2.69	0.588	1.12	1.204***	2.31
	斑状质量结构	−1.930	−1.57	−3.529**	−2.38	−2.279	−1.62	−2.338*	−1.95
外部环境	政府支持			0.772	1.30	1.251**	2.26	1.421***	3.12
	贷款容易度	1.842***	3.94	2.33***	4.47				
	销售担忧	1.170**	2.59			0.946**	2.11	0.514	1.36
	到示范基地距离								
农户禀赋	户主年龄					−0.621	−1.45	−1.087**	−3.01
	户主学历					0.661*	1.94		
	坡耕地面积	0.157**	1.96					0.108**	2.17
	外出务工比例	−0.685	−0.64	0.109	1.30				
	农业收入比			1.000	1.24	1.338**	1.72	1.812**	2.61
样本数量		131		128		129		152	
LR chi2 (χ^2)		38.92***		45.19***		33.39***		37.05***	
Prob>chi2		0.000 0		0.000 0		0.000 1		0.000 0	
Log likelihood		−110.573		−99.913		−106.919		−126.873	
Pseudo R^2		0.150		0.184		0.135		0.127	
Cut1		−2.114		−1.816		−2.909		−2.82	
Cut2		2.388		3.424		1.958		1.953	
Cut3		5.008		6.117		4.561		4.693	

*、**、***分别表示单尾检验结果在 10%、5%、1%的统计检验水平上显著
注：全部结果应用 Stata 11.1 输出

7.3.3 假说检验

1. 土地禀赋

1）二元地貌结构

二元地貌结构的系数符号均为正，且在模型 2、模型 3 中同在 10%的统计检验水平上显著。这说明二元地貌结构与土地经营组织形式选择呈正向关系，表明农户坡耕地与平坝田的面积比例越大，则农户选择土地经营组织形式的意愿越趋于高级化。该结果与预测完全相反，结合本研究区的实际情况，一个合理的解释是

因为作为生态农业新技术的金银花种植是在坡耕地上进行的，需要大规模种植才能获得可观的经济收益，所以拥有坡耕地面积比平坝田面积更大的农户愿意转入更多的坡耕地种植金银花，而拥有平坝田面积较多的农户则满足于当前平坝田的种植情况，而不愿转入坡耕地进行大规模的金银花种植。

2）细碎空间结构

细碎空间结构的估计参数符号均为正，且在模型 1 中在 10% 的统计检验水平上显著，在模型 2、模型 4 中均在 1% 的统计检验水平上显著。估计结果显示，在研究区内农户坡耕地的细碎化程度越高，则组织意愿越趋于高级化。以往学者的研究对细碎空间结构对土地经营组织形式的影响关系不能确定，可能是因地域差异性而各不相同。本研究区农户土地越细碎越希望通过土地转入或通过股份合作与邻近的细碎土地连成一片进行耕作，从而既减少细碎化程度也形成生态农业的规模化种植。

3）斑状质量结构

斑状质量结构的参数符号均为负号，且在模型 2 与模型 4 中分别在 5% 和 10% 的统计检验水平上显著。结果表明，农户土地斑状质量结构与土地经营组织形式选择为负向关系，即斑状质量结构越恶劣，则农户越不愿意转入土地或实行土地股份制，假说 7-1c 得到验证。一个合理的解释是，斑状质量结构所衡量的实质是农户坡耕地的石漠化率，农户坡耕地石漠化率的上升，会直接影响到坡耕地的肥力，进而影响到农户采用生态农业技术的收益，最终导致农户选择高级别土地经营组织形式的积极性降低。

2. 外部环境

1）政府支持

政府支持的系数均为正，且在模型 3 与模型 4 中分别在 5% 和 1% 的统计检验水平上显著。这说明政府支持对农户土地经营组织形式的选择意愿有正向的激励作用，假说 7-2a 得到验证。由于研究区只有 40% 的农户能够获得政府支持，故缺乏普遍的政府支持已经成为研究区阻碍农户提高组织化程度的因素之一。如果当地政府能够加大相应的支持力度，则会对当地农户选择土地经营组织形式的意愿带来激励作用，从而提高土地的配置效率。

2）贷款容易度

贷款容易度系数的符号均为正，且在模型 1 与模型 2 中均在 1% 的统计检验水平上显著。结果表明贷款难度越小，则农户选择土地经营组织形式意愿的级别就越高，假说 7-2b 得到验证。研究区样本有大约一半的农户认为贷款难，农户贷款难被很多学者认为是阻碍我国农业生产率提高的因素之一。土地经营组织形式的级别越高，对资金的需求也越大，如果能够从一定程度上解决农村贷款难的问题，则会促进农户选择更高级别的土地经营组织形式，进而推动生态农业技术的普及。

3）销售担忧

销售担忧系数的符号均为正，且在模型1、模型3中均在5%的统计检验水平上显著，说明市场风险与土地经营组织形式的选择意愿为正向关系，假说7-2c得到验证，即如果公司等机构能够组织农户销售金银花，缓解农户的销售担忧，则农户采用新技术时转入土地或组成土地股份合作社的意愿更为强烈。这是因为金银花几乎是完全面对市场的特殊农产品，若有稳定的销售渠道或采购中间商，则会大幅降低农户的预期成本和所承担的市场风险，在一定程度上保证农户种植金银花的经济效益，进而推动农户组织意愿级别的提高。

4）到示范基地距离

在选取的四组参数估计结果中，解释变量均未含有农户住家到示范基地的距离。这是因为此项在模型估计结果中系数极为不显著，并且严重影响其他解释变量的显著性，且造成符号反转等，因此认定此项不具有解释力，将其排除在模型之外。对此，一个合理的解释是金银花属于兼具生态农业技术和经营技术的中间型技术，而土地经营形式的选择更受政府导向的影响，距离的影响则显得微不足道。

3. 要素投入与农户禀赋

1）户主年龄

户主年龄系数的符号均为负，且在模型4中在5%的统计检验水平上显著，与预期一致。可见研究区的农户年纪越大，则发生土地流转的概率就越小。可以理解为，年纪较大的农户观念更为保守，倾向满足现状。

2）户主学历

户主学历的系数在模型3中为正，且在10%的统计检验水平上显著。这说明一定的知识储备对新事物的认知和接受会起到积极效果。因此，可以认为研究区的农户学历越高，在采用生态农业技术时选择高级别土地经营组织形式的意愿就越强烈。

3）坡耕地面积

坡耕地面积的系数在模型1和模型4中符号均为正，且均在5%的统计检验水平上显著。结果说明农户坡耕地面积与组织意愿具有正向关系，假说7-3c得到验证。拥有坡耕地面积较多的农户，在初始土地禀赋上具有较大的优势，在组织化过程中以比别人少的成本就能扩大种植面积并获得相应的规模收益，所以研究区内拥有坡耕地面积较大的农户更愿意在采用生态农业技术时转入土地或加入土地股份合作。

4)外出务工比例

外出务工比例的系数均未能通过检验,说明外出务工比例不对农户的土地经营组织形式的选择意愿产生显著影响。一个合理的解释是,研究区农户外出务工人数比例平均为25%,即平均四口之家只有1人外出务工,而剩余劳动力还较为充足,因此对农业劳动不构成显著影响,因而对农户在采用生态农业技术时的组织意愿的影响也十分有限。

5)农业收入比

农业收入比的系数均为正,且在模型3、模型4中均在5%的统计检验水平上显著。结果说明,研究区农户的农业收入比与土地经营组织形式选择意愿之间呈正向关系,假说7-3e得到验证。换言之,农户的农业收入在农户总收入中所占比重越大,则农户在采用生态农业技术时的组织意愿级别就越高。原因是农业收入比重大的家庭,其收入更加依赖农业生产,因此,更愿意通过组织化形成规模化的生态农业生产,以进一步提高农业收入。

7.4 本 章 小 结

本章定量分析土地禀赋等要素对农户在采用生态农业技术时选择土地经营组织形式意愿的影响,结果表明本书构建的衡量土地禀赋结构的指标体系在模型中有较好的解释度,说明土地禀赋对农户土地经营组织形式的选择意愿有显著的影响。

1. 土地禀赋对农业经济组织形式选择具有双向作用

(1)二元地貌结构和坡耕地面积对土地经营组织形式选择具有促进作用。结果表明,农户的坡耕地与平坝田的相对面积及坡耕地的绝对面积越大,农户组织化意愿的级别越高。这说明坡耕地肥力较为贫瘠,似乎适合广种薄收。坡耕地的相对规模和绝对规模越大的农户越有基础和动力进一步通过组织化提高种植规模,进而更大幅度地获取规模收益。

(2)细碎空间结构与土地经营组织形式选择意愿为正向关系。这表明农户坡耕地细碎化程度越严重,则农业活动在空间上的分离程度也越高,如果种植同种作物则很难在时间上调剂劳动力,从而造成劳动力的极大浪费。因此农户耕地越细碎越会寻求提高组织化级别将土地连块成片,以提高种植规模。结合第6章土地细碎化超过每亩0.90块采用密度将趋大的结论,可以认为当农户坡耕地超过每亩0.90块时组织优化进程也将加速。

(3)斑状质量结构与土地经营组织形式的选择意愿为负向关系。这表明过高的石漠化率会对农作物的产量和农户的收入产生负面影响,同时农户在耕作时也会支付更多的劳动力成本。因此,石漠化率的上升,使得农户转入土地的意愿下降,从而对组织形式的选择产生负向影响。结合第6章石漠化率超过56%采用密度将迅速减少的结论,可以认为当坡耕地石漠化率超过56%时组织化进程将急速减缓。

2. 外部环境对农业经济组织形式选择能够起到促进作用

对于农户采用生态农业技术,政府支持是促进农户提高组织化程度的助力;信贷资金扶持是提高组织化程度的推力;农户抵御市场风险能力的增强有赖于组织化程度的提高;农户住家到示范区距离不构成对组织化意愿的影响。

3. 农户禀赋对农业经济组织形式选择具有显著作用

年龄越小、文化程度越高、农业收入比重越大的农户提高组织化程度的意愿越强烈。外出务工比例不对土地经营组织形式的选择意愿构成显著影响。

4. 政策启示

(1)在提高农户采用生态农业技术的组织化程度的过程中,重点扶持坡耕地比例较大、坡耕地面积较大、地块较分散的农户,因为这类农户提高组织化程度的意愿最强烈。

(2)政策应该对石漠化严重的土地倾斜。因为土地石漠化严重的农户其组织化程度提高意愿很低,而石漠化率超过一半时则需要调整生态治理的方式。

(3)优化政策环境、信贷环境和市场环境,以促进农户组织化意愿的提高。

(4)重点关注年轻、文化水平高的农业种植大户,他们是提高采用生态农业技术组织化程度的最活跃的力量。

第8章 农户采用生态农业技术收益的影响分析

实施乡村振兴战略是解决我国农村地区长期发展不平衡和不充分问题的关键。我国西南生态脆弱区属于资源环境承载力较弱的地区，其农村地区的乡村振兴面临更大的挑战。只有坚持人与自然和谐共生，走乡村绿色发展之路，才能实现乡村振兴战略中提出的"产业兴旺"、"生态宜居"和"生活富裕"的总要求。推广生态农业技术必须走产业化的道路才能够真正实现生态效益和经济效益的共赢，因此大力发展生态农业产业意义重大。发展生态农业产业不仅需要政府的倾力推广，更需要广大农户的积极参与。采用收益是本书农户经济行为的第五个阶段，也是生态农业产业能否产业化和可持续发展的关键。

8.1 生态农业技术收益分析

不言而喻，科学技术是第一生产力，同样农业科学技术对农村经济的发展和农民收入的增加具有无可估量的作用。金银花具有兼经营性技术和生态农业技术双重特征为一体的中间性技术的特性。栽种金银花不但能够替代传统的易造成石漠化的玉米和红薯，而且有可能为农民带来更高的农业收入。生态农业技术具有改善生态环境和帮助农民发展致富的双重功效，被寄予在生态脆弱区实现生态效益、经济效益和社会效益的高度统一的厚望。生态农业技术的收益性是农户是否积极参与发展生态农业产业的基础，但是在实际推广中发现农户之间金银花种植收益差异巨大，严重影响新技术的推广速度。

立足于生态脆弱区农业收益的研究文献相对较少，杜能的农业同心圆圈层理论实际上也是农业收益的空间分布规律。现在的农业区位论或区域农业布局理论正是以各区域土地禀赋分析为基础的。土地是农户采用农业新技术最基本的生产要素，土地禀赋直接影响农户采用新技术的经济收益。前人研究土地禀赋对农业收益影响的视角多为中观或宏观，即比较不同区域之间土地禀赋对农业收益造成的影响差异，很少涉及农户微观视角的土地禀赋对农业收益的差异影响。因而大部分研究文献都暗含一个假定，即在同一生态脆弱区内自然条件对农户的农业收益的影响是均一的，但是西南生态脆弱区农户活动范围内自然条件的空间异质性比较大，忽略这个空间异质性有可能造成较大的研究偏差，因此研究生态脆弱区的农业收益影响因素时不应将自然条件假定为均一。

本书创立的土地禀赋结构即这种生态脆弱区空间异质性的度量指标。本章将土地禀赋结构引入模型不仅可以分析生态脆弱性对农业收益的影响作用，还会使其他因素的分析结果更加趋于真实，以期在研究基础上为推进农业新技术传播提出因地制宜的政策建议。

8.2 分析框架和研究假说

本章拟分析土地禀赋、外部环境和农户禀赋等三大因素对农户采用生态农业技术收益的影响。研究区土地禀赋结构划分为二元地貌结构、细碎空间结构及斑状质量结构。

8.2.1 土地禀赋与生态农业收益

1. 二元地貌结构

二元地貌结构属于一种数量结构，是指区域内同一级别的土地类型的数量关系。以研究区农户承包地微观尺度上的坡耕地和平坝田的面积比来衡量二元地貌结构。

李小建等（2009）从农户地理学的角度指出，在一定市场价格条件下，地块的净收益是由地块的微地貌类型所决定的，不同地貌类型土地的收益显著不同，如坡度越大、海拔越高的土地的农业种植收益率则越低。显然坡耕地比平坝田的灌溉条件和土壤肥力一般都要差些。不但不同地貌类型土地的农业种植收益不同，而且农户承包地的地貌结构也会对农户家庭种植收益产生不同的影响。对于一个同时拥有坡耕地和平坝田的农户个体而言，其承包地的坡坝比对应着生产要素的投入比，农户在收益最大化的驱动下，生产最后会在坡耕地与平坝田两种地块的边际收益之比等于两种地块的边际要素投入之比时达到均衡。坡坝比通过对金银花种植的收益产生不同的影响,进而对采用意愿和采用决策产生影响,因此种植收益是决定采用意愿和采用决策的基础因素。

假说 8-1a:农户耕地的坡坝比越大,金银花的种植收益越低。

2. 细碎空间结构

研究区农户的土地由空间分散、互不相邻且分属不同主人的地块组成,形成土地细碎化的空间结构。本章在农户承包地的微观尺度上以农户每亩坡耕地的地块数量来衡量细碎空间结构。

土地细碎化对农业效率的影响被广泛关注。大量文献表明土地细碎化给农业生产带来不便,降低粮食生产的土地生产率(王嫚嫚等,2017)。张尹君杰和卓建伟(2008)的研究表明,土地细碎化不但降低玉米和小麦生产的规模经济效应,而且对技术效率有显著的负影响。Sherlund 等(2002)针对科特迪瓦的研究结果却表明增加地块数量对水稻产量的提高有正面影响,这是因为土地细碎化有可能通过促进传统农户精耕细作而增加土地收益(李谷成等,2008)。另外,土地细碎化对农户的总收益也可能是正面影响,因为土地细碎化能够促进农户进行小规模多样化的种植,进而增加土地的净收益(李小建等,2009;Falco et al.,2010)。以上文献有些是针对农场的研究,不一定适合小型农户,因此土地细碎化对农业收益的影响不可一概而论。

假说 8-1b:农户每亩坡耕地的地块数量与金银花种植收益的关系不确定。

3. 斑状质量结构

斑状质量结构是指石漠化程度不同的地块在空间上形成的斑状地貌景观。本章在农户承包地的微观尺度上以抽样地块的石漠化率(即岩石裸露率)衡量斑状质量结构。

随着石漠化的发展,土壤出现沙化,颗粒变粗,而且土壤中的有机质及养分含量减少,保水保肥性能减弱(汪攀等,2018),因此石漠化发展的过程就是土壤肥力不断下降,生产力逐渐丧失的过程。李小建等(2009)从农户地理学的角度指出,在一定市场价格条件下,地块的净收益最终是由土壤肥力所决定的。不同地块的石漠化程度迥然不同,石漠化越严重的地块岩石裸露越多,肥力越弱,显然农业种植收益率也越低。

假说 8-1c:农户坡耕地的石漠化率越大,金银花的种植收益越小。

8.2.2 外部环境与生态农业收益

影响农业技术扩散的外部环境概括起来包括政府支持、贷款容易度、销售担忧和到示范基地距离四个方面，针对本研究区具体情况定义如下。

1. 政府支持

新技术对于农户而言，一般都是全新的事物。因此农户要采用新技术就会面临一个技术门槛，需要获得种苗或栽培技术培训。金银花作为生态农业技术，不同于纯粹的经营性技术，由于其正的经济外部性，仅靠市场机制是不能够达到最大收益的，故在理论上政府应该扶持。政府是推动农业技术进步的核心力量和关键因素，并且政府也应该成为生态脆弱区农业的推动力量（吴业苗，2018；刘朋虎等，2017）。农户如能够获得充足的技术支持，应该可以提高种植收益。

假说 8-2a：若能获得政府提供种苗及相应的栽培技术支持，农户的金银花种植收益会提高。

2. 贷款容易度

银行信贷资金对提高科技农业的效益非常重要，胡雪萍和董红涛（2015）认为，农户获得银行信贷资金的难易程度对生态农业的推广和农业种植效率的提高非常重要。金银花的种植需要投入大量资金，农户的信贷可获得性对金银花种植收益应该有所影响。

假说 8-2b：农户越容易获得信贷支持，金银花的种植收益越高。

3. 销售担忧

市场风险是影响农户技术选择的重要因素。黄季焜（2018）认为，对市场风险和产品销售的担忧会影响农户的农业生产行为。农户对市场的担忧不但导致采用意愿和采用决策的下降，而且影响到农户实际种植过程中劳动力、农药、化肥等要素的投入量，有可能使农户将本该集约经营的金银花种植变成粗放经营，并最终导致产出收益的降低。

假说 8-2c：农户若担心销售问题，则金银花的种植收益会降低。

4. 到示范基地距离

李小建等（2009）指出，地块种植收益随着耕作距离增大而减少。传统农民的农业种植不计成本，但是在外界劳动力市场存在的条件下，农户的劳动力存在一个影子价格。因此，不论是经营性技术还是生态农业技术抑或是双重特征的中间性技术，种植距离或者去示范区观摩学习的距离增加会通过交通成本的增加而使得劳动力等生产要素的投入减少，并最终导致产出收益的降低。

假说 8-2d：农户住家到金银花示范区的距离越远，金银花种植收益越低。

8.2.3 要素投入、农户禀赋与生态农业收益

要素投入主要为劳动力投入和土地投入。农户禀赋概括起来包括自身能力和拥有条件两大类。反映自身能力的农户能力禀赋因素有年龄、文化程度；反映自身拥有条件的农户条件禀赋因素有坡耕地面积、外出务工比例和农业收入比。针对本研究区具体情况定义如下。

1. 务农人口与种植面积

农户采用一种农业技术需要投入最基本的生产资料就是劳动力、土地及资金，本节主要关注劳动力和土地。经济学新古典学派认为，在既定面积的土地上，存在劳动力边际收益递减的规律，即当劳动力投入未达到一定数量时随着农民劳动投入的增加，劳动的边际粮食产量递增，但是当超过一个限度时一定会变为递减。孔祥智等（2005b）研究指出我国农业劳动力投入增加与粮食产量增长的关系为显著负相关。有研究结果却是香菇种植收益与家庭常年劳动力数量为显著的正相关关系（陈前江，2010）。这表明传统的粮食生产由于劳动力过剩存在投入浪费造成收益递减的现象，而作为新兴的经济作物香菇还处于收益递增阶段。金银花具有经济作物的特性，可能还位于劳动力投入的收益递增的阶段。

对于土地要素而言，显然粮食生产的总收益随着耕作面积增大而增大，扩大播种面积是提高粮食产量的最有效途径。对于农户而言是否耕地面积越大越好？关于耕地面积对种植收益是否有规模效应一直有两种争论：一种观点认为农业生产不存在土地规模经济，可能农产品加工有一定规模经济。另一种观点认为存在土地规模经济，但是有一个下限或上限。例如，有研究表明当家庭农场超过 20 亩时，净收益弹性系数才开始上升；另有研究表明当耕地面积为 54 亩时净产值达到最大（沈涵等，2011）。有研究表明水稻种植面积与净收益呈负相关关系（杨万江和赵二朋，2010），表明还未达到规模效益下限。对于生态农业技术而言，金银花种植面积与收益也可能同样为二次函数关系。中国绝大多数农户的耕地规模过小，应该处于规模经济效应递增阶段，因此农户拥有的耕地总面积越大应该越有利于规模化经营。

假说 8-3a：农户种植金银花的劳动力投入越多收益越大；金银花种植面积与种植收益为二次函数关系。

2. 户主年龄

一般认为户主年龄反映农业种植经验。孔祥智等（2005b）实证研究结果为年龄对小麦农业生产的影响并不显著，杨万江和赵二朋（2010）的研究也表明年龄与农户水稻净收益无显著关系。也有研究结论是年龄与香菇种植收益呈显著的正相关关系（陈前江，2010）。这可能是不同技术属性对经验的要求不一样。另外，

随着农户劳动力年龄的增大，经验虽然渐趋丰富但是体力势必也随之下降，故户主年龄对生态农业技术种植收益的影响不能一概而论。

假说 8-3b：户主年龄对金银花种植收益的影响不确定。

3. 户主学历

在理论上户主学历被认为是农户农业经营能力的体现，对种植收益的影响具有正的影响。确实大量研究表明，户主学历对粮食生产有显著的正的影响（姚科艳等，2018；陈前江，2010；杨万江和赵二朋，2010），而且农户的文化越高，技术效率也应该越高。孔祥智等（2005b）实证研究却表明户主学历对农业生产的影响并不显著。这可能与技术的复杂程度有关，高学历的农户在采用相对复杂的技术时更能发挥作用，姑且作如下假说。

假说 8-3c：户主学历越高，金银花的种植收益越高。

4. 外出务工比例

外出务工的农民多是年轻且文化水平较高的农民，造成农村人力资本下降，进而造成农业生产的产值下降。另外，外出务工为农户带来更多的现金收入，可以用于农业生产的投资，从而促进农业生产。问题的关键是农户是否愿意将外出务工所得回流农村用于农业投资，这很大部分取决于农业新技术的性质和收益。

假说 8-3d：外出务工比例与金银花的种植收益的关系不确定。

5. 农业收入比

农户的农业收入与非农业收入的差异程度应该是决定农户经营兴趣的关键因素（叶明华和汪荣明，2016），低收入农户对高产新技术更感兴趣（孔祥智等，2005b）。传统农业收入对新技术效益的影响表现在两个方面：一方面，农户不愿意放弃原先固有的既得利益使得对新技术的投入不足，从而导致新技术收益的下降（张德华，2016）；另一方面，农业收入比重大的农户对农业的依赖更大，因此更愿意加大对新技术的投入从而提高新品种的产量，但是可能缺乏资金来源而导致投入的不足。

假说 8-3e：农业收入占总收入的比重与金银花的种植收益的关系不确定。

8.3 数据说明、模型选择及假说检验

8.3.1 数据说明

本书选择重庆市巫山县福田镇金银花示范基地周边的农户为研究对象。由于本章重点关注的是土地禀赋对在坡耕地种植金银花效益的影响，故模型的被解释变量限定为农户利用自家坡耕地种植金银花的纯收益。采样于 2011 年 3~5 月实施，

调查方法如前所述。样本总共 280 份,其中在坡耕地种植金银花的样本有 154 户,占总样本的 55%,其中有效样本 152 份,占坡耕地金银花种植样本的 98.7%。

样本统计表明,农户坡耕地面积平均为 5.60 亩,金银花种植户平均每户种植 4.40 亩,种植面积占坡耕地面积的比例平均每户为 78.6%。种植金银花的户均年纯收入为 4 302.2 元,每户平均务农人口为 3 人。如表 8-1 所示,坡耕地的平均石漠化率为 56%,平均每亩地块数量为 0.90,农户户主以中老年为主,住家到示范基地平均在 10 000 米以内,一半左右的农户面临贷款难和扶持不足的问题(表 8-1)。

表 8-1 变量说明与统计特征

变量		定义说明	均值	方差	预期影响方向
被解释变量		Y_i			
金银花纯收益 lny		农户种植金银花年纯收益,以其对数衡量	8.59	0.59	
解释变量		X_i			
土地禀赋	二元地貌结构	以坡耕地与平坝田的面积比衡量,反映农户土地的地貌类型结构	3.57	11.82	—
	细碎空间结构	以每亩坡耕地的地块数量衡量,反映农户耕地在空间上的分散程度,单位:块/亩	0.90	0.23	?
	斑状质量结构	以抽样坡耕地地块的石漠化率(岩石裸露率,范围为 0~100%)衡量,反映农户耕地肥力情况	0.56	0.04	—
外部环境	政府支持	反映政府对农户采用生态农业技术的扶持力度,能够获得种苗补贴及相应的栽培技术辅导=1,其他=0	0.40	0.24	+
	贷款容易度	反映农户用于生产的融资难易度,容易获得贷款=1,不容易=0	0.52	0.25	+
	销售担忧	反映农户进入市场难度,农户若能获得代理销售或上门收购的帮助=1,其他=0	0.57	0.25	+
	到示范基地距离	反映金银花生态示范基地到农户住家的距离,3 000 米及以内=1;3 001~5 000 米=2;5 001~10 000 米=3;10 000 米以上=4	3.40	1.32	—
农户禀赋	务农人口	反映金银花种植的劳动投入,以农户务农人口的对数衡量	3.03	1.28	+
	坡耕地种植面积	反映农户种植金银花的资本投入,以农户的金银花种植面积的对数衡量	4.44	83.77	$F(x^2)$
	户主年龄	45 岁以上(含 45 岁)=1;45 岁以下=0	0.62	0.24	?
	户主学历	以户主受教育程度衡量,小学及以下=0;初中=1;高中及以上=2	0.67	0.45	+
	外出务工比例	反映农户外出务工强度,以农户家庭成员中以外出务工为主的人数占家庭劳动力总人数的比例来表示	0.25	0.04	?
	农业收入比	反映农户经济状况,以农户打算种植或种植金银花前的全年农业收入占总收入之比表示	0.43	0.09	?

注:+表示正相关;-表示负相关;? 表示不确定

图 8-1~图 8-3 为土地禀赋结构五分位组的金银花种植收益分布图。横坐标为土地禀赋结构各指标从小到大排序后,均分为五组;纵坐标为各组对应的农户种植金银花纯收益对数的均值。由图可见,土地禀赋与金银花纯收益关系的曲线似

为"U"形或倒"U"形,虽然相关的文献不多,但不妨将土地禀赋结构的平方引入模型,考察其与金银花纯收益是否有二次函数的关系。

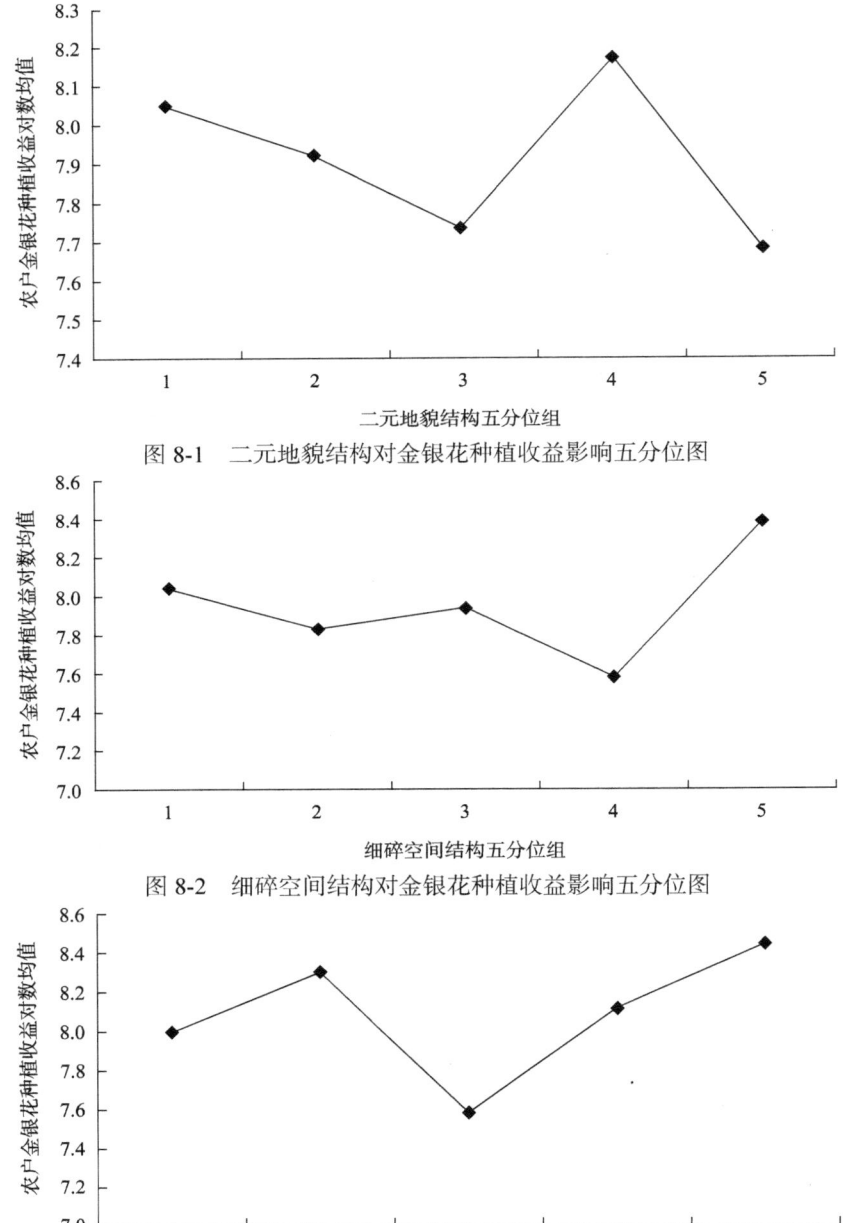

图 8-1　二元地貌结构对金银花种植收益影响五分位图

图 8-2　细碎空间结构对金银花种植收益影响五分位图

图 8-3　斑状质量结构对金银花种植收益影响五分位图

8.3.2 模型选择

为检验上述假说，分析土地禀赋等要素对金银花种植收益影响，本章建立一个柯布-道格拉斯生产函数模型。

$$Y_i = AK_i^{\alpha} L_i^{\beta} \exp \varepsilon_i, i=1,2,3,\cdots,n \tag{8-1}$$

其中，Y 表示农户种植金银花年纯收益；A 表示常数项；K 表示资本投入量；L 表示种植金银花的劳动力投入量；α、β 分别表示资本和劳动的指数；ε 表示残差。

本章更加关注的是土地禀赋等要素对金银花种植收益的影响，因此将方程（8-1）进行扩展，并两边同取对数可以得到如下扩展方程。

$$\ln Y_i = \ln A + \alpha \ln K_i + \beta \ln L_i + k_i \sum_{i=1}^{n} X_i, i=1,2,3,\cdots,n \tag{8-2}$$

资本投入量 K 在本章中以坡耕地上的金银花种植面积代替；对于种植金银花的劳动力投入量 L，由于无法确认每户投入金银花种植的工时，故在本章中以家庭务农人口代替；α 表示土地的产出弹性，β 表示劳动的产出弹性，$\alpha+\beta$ 表示生产要素规模报酬，若其大于 0 表示规模报酬递增，小于 0 表示规模报酬递减，等于 0 表示规模报酬不变；X_i 表示土地禀赋等影响变量，k_i 表示系数。

对数据进行多重共线性检验，方差膨胀系数平均值为 3.14，最大值为 9.38。普遍认为方差膨胀系数不超过 10，即可视为不存在多重共线性。

应用 Cook 和 Weisberg（1994）设计的 Cook-Weisberg 检验进行检验，模型 1、模型 2 和模型 3 的检验结果如下：Prob > chi2 = 0.000 2、Prob > chi2 = 0.000 3、Prob > chi2 = 0.000 5，表明均具有异方差性。本章采用 Huber（1967）、White（1980）设计的方法进行稳健回归以剔除异方差，结果如表 8-2 所示。

表 8-2 金银花种植收益柯布-道格拉斯生产函数模型稳健回归估计结果

变量		模型 1		模型 2		模型 3	
	解释变量	系数	t 值	系数	t 值	系数	t 值
土地禀赋	二元地貌结构 坡坝比的平方	0.147** −0.005*	2.00 −1.61				
	细碎空间结构 每亩地块数的平方			−1.123** 0.451	−2.21 1.77		
	斑状质量结构 石漠化率的平方					−0.128* 0.155	1.55 0.63
外部环境	政府支持	0.516***	3.24	0.412***	3.14	0.368***	3.02
	贷款容易度	0.561***	3.56	0.536***	3.88	0.539***	4.50
	销售担忧	−0.808***	−4.82	−0.664***	−4.04	−0.733***	−5.10
	到示范基地距离	0.028	0.46	−0.074*	−1.29	−0.017	−0.31

续表

变量		模型 1		模型 2		模型 3	
	解释变量	系数	t 值	系数	t 值	系数	t 值
要素投入与农户禀赋	ln 务农人口	-0.121	-0.80			-0.171	-1.22
	ln 坡耕地种植面积					0.593***	3.29
	ln 坡耕地种植面积 ^{2}					-0.060**	-1.80
	户主年龄	-0.111	-0.61	-0.355***	-2.80	-0.300***	-2.36
	户主学历	-0.081	0.69			-0.019	-0.26
	外出务工比例			0.730***	2.55		
	农业收入比					-0.052	-0.24
	常数项	7.467***	15.40	8.726***	25.59	7.713***	18.48
样本数		152		152		152	
F 检验		18.53***		15.24***		20.36***	
Prob>F		0.000		0.000		0.000	
R^2		0.685		0.667		0.743	

*、**、***分别表示单尾检验结果在 10%、5%、1%的统计检验水平上显著

注：全部结果应用 Stata 11.1 输出

8.3.3 检验结果

1. 土地禀赋

1）二元地貌结构

在柯布-道格拉斯生产函数模型 1 中二元地貌结构的一次项系数为正，二次项为负，且分别在 5%和 10%的统计检验水平上显著。这说明农户所拥有土地的坡坝比与金银花的种植纯收益的关系不是一次线性的，而是二次函数关系，即呈倒"U"形曲线形态。这表明二元地貌结构对农户采用生态农业技术的收益的影响存在"门槛效应"，即当坡坝比低于某个门槛时，坡坝比对农户种植金银花收益的影响为正，而坡坝比突破这一门槛时开始转变为负的影响。利用二次曲线的极值原理计算的这个门槛值为 14.6 倍。样本统计结果表明研究区的二元地貌结构的均值为 3.57，远小于 14.6 这个极值。而且达到这个极值以上的样本数量只有 5.0%，所以研究区二元地貌结构与农户技术选择收益主要为正相关关系。

对此一个合理的解释是，在一定限度内研究区随着坡耕地面积比例增大，农户在坡耕地种植金银花的边际收益随之递增。坡耕地面积比率超过这个限度以后则可能劳动力不足而导致土地边际效益递减。该门槛值与第 6 章的金银花采用密

度的最大门槛值 15.8 接近，表明坡坝比超过收益门槛值以后，尽管土地边际效益递减，但是农户总收益还未达到最大值。

2）细碎空间结构

坡耕地细碎空间结构的一次项系数在柯布-道格拉斯生产函数模型 2 中为负，二次项为正，且均在 5%的统计检验水平上显著。这说明坡耕地每亩地的地块数量与农户金银花的采用收益的关系为二次函数关系，呈"U"形曲线形态。这表明坡耕地细碎空间结构对农户技术选择的影响也存在门槛效应，利用二次曲线的极值原理计算的门槛值约为每亩 1.30 块。对照第 6 章结果可知，该收益门槛值高于采用密度的门槛值每亩 0.90 块，表明采用密度逆转为正效应之后种植收益才逐步逆转为递增。

一个合理的解释是，在一定限度内坡耕地越细碎，种植金银花的不同地块之间由于交通时间增加而越浪费劳动力，造成金银花种植收益的递减。如果是不同地块可以通过多样化种植分散工作强度而提高效率的话（Stryker，1976），那么不同地块种植相同的金银花则纯粹会因交通增加而浪费劳动力。当细碎空间结构超过门槛值之后反而能够促进农户之间的土地流转，金银花种植收益进而逐渐逆转为递增。逆转的原因很可能是当土地过于细碎时，先会淘汰掉劳动力不足或效率低下的农户，使其更愿意将土地流转给其他农户。

3）斑状质量结构

坡耕地斑状质量结构的一次项系数在柯布-道格拉斯生产函数模型 3 中为负，二次项为正，但只有一次项在 10%的统计检验水平上显著。这说明农户坡耕地地块的石漠化率与农户金银花的种植收益的关系为负的一次线性关系，而且弹性系数表明，在其他自变量不变的情况下，石漠化率每增加一个百分点，金银花种植纯收益减少 12.8%。

显然石漠化率越大，岩石裸露率则越高，土壤也越薄越贫瘠，因此会导致金银花种植纯收益递减。对照第 6 章石漠化率大于 56%时采用密度逆转下降的研究结果，说明当石漠化率超过 56%时，收益率还会因生态环境的恶化而可能更大幅度地减少。

2. 外部环境

1）政府支持

政府支持的系数在柯布-道格拉斯生产函数模型中均在 1%的统计检验水平上为正，假说 8-2a 得到验证。这说明在其他条件不变的情况下，农户若能够获得政府提供的种苗和技术辅导等支持，种植金银花的纯收益将大幅提高。弹性系数表明，在其他自变量不变的情况下，能够获得政府支持的农户比不能获得政府支持的农户金银花种植纯收益提高 51.6%。结果可以与第 6 章采用概率和采用密度的结果互相呼应。

2）贷款容易度

贷款容易度的系数在柯布-道格拉斯生产函数模型中均在 1%的统计检验水平上为正，假说 8-2b 得到验证。边际效应表明，在其他自变量不变的情况下，农户若容易获得贷款则使农户金银花种植纯收益增加 56.1%。这说明容易获得信贷支持可使农户有能力进行充足的生产要素投入从而提高产出效益。

3）销售担忧

销售担忧的系数在柯布-道格拉斯生产函数模型中均在 1%的统计检验水平上为负，假说 8-2c 得到验证。这说明在其他条件不变的情况下，农户若担忧产品销路的问题，则使金银花种植收益下降。弹性系数表明，在其他自变量不变的情况下，有产品销路担忧的农户比没有这种担忧的农户金银花种植收益下降 80.8%。这说明金银花的经营风险主要来自市场风险，市场风险会使农户没有信心大力投入劳动力、农药和化肥等必要的生产要素，进而影响最后的产出收益。

4）到示范基地距离

到示范基地距离的系数在柯布-道格拉斯生产函数中仅在模型 2 中在 10%的统计检验水平上为负，假说 8-2d 得到验证。尽管金银花似乎属于王武科等（2008）所说的兼有经营性技术和生态农业技术双重特征的中间性技术，空间距离虽然对农户采用概率和采用密度不构成影响，但是随着距离增大提高交通成本而最终降低金银花的种植收益。

3. 要素投入与农户禀赋

1）务农人口与种植面积

务农人口的系数在柯布-道格拉斯生产函数的模型 1 和模型 3 中均为负，但是并不显著，假说 8-3a 没有得到验证。务农人口的弹性系数虽然不显著，但是竟然为负，说明劳动力投入的边际效益有可能递减，表明在研究区农村劳动力依然处于过剩状态。

坡耕地种植面积在柯布-道格拉斯生产函数模型 3 中的一次项系数为正，二次项系数为负，且分别在 1%和 5%的统计检验水平上显著。利用二次函数极值原理计算极大值并计算其反对数的结果为 146 亩。这表明当金银花种植面积小于 146 亩时土地生产弹性大于 0，而当超过 146 亩时土地生产弹性小于 0，出现规模不经济。研究区的金银花平均种植面积只有 4.4 亩，说明大部分农户金银花的种植规模过小，远小于适宜规模的上限值 146 亩。结合第 6 章采用决策的研究结果，每户种植金银花的适度规模下限应该在 10.6 亩或 14.7 亩以上，适度规模上限在 146 亩以下。

显然即使在土地适宜规模上限以下，土地生产弹性也小于 1，平均值仅为 0.297

(0.593/2)，与劳动力的弹性系数之和仅为 0.123，远小于 1，说明研究区金银花种植的要素投入为规模报酬弹性递减。这表明研究区喀斯特山地的劳动力和土地等要素的生产效率极低。

2）户主年龄

户主年龄的系数在柯布-道格拉斯生产函数的模型 2 和模型 3 中均在 1%的统计检验水平上为负。弹性系数表明，在其他自变量不变的情况下，中老年农户比中青年农户金银花种植纯收益低 35.5%。这说明老年人体力下降对金银花的管护乏力而导致收益明显降低。

3）户主学历

户主学历的系数在柯布-道格拉斯生产函数的模型 1 和模型 3 中均为负，但均不显著。这说明金银花栽培技术并不复杂，户主学历对种植收益不构成显著影响。

4）外出务工比例

外出务工比例的系数在柯布-道格拉斯生产函数的模型 2 中为正，并且在 1%统计检验水平上显著。弹性系数表明，在其他自变量不变的情况下，农户外出务工比例每增加一个百分点，农户的金银花种植纯收益提高 73.0%。很可能是外出务工多的家庭可以为金银花种植提供更多的资金支持。

5）农业收入比

农业收入比的系数在柯布-道格拉斯生产函数模型中只在模型 3 中为负，但不显著。这说明农业收入对金银花种植收益没有显著的影响。很可能是农业收入高的农户虽然更依赖农业种植，但缺乏对金银花种植的资金支持，或者对该新技术根本没有兴趣。

8.4 本章小结

研究结果表明本书构建的衡量土地禀赋结构的指标体系在研究区中有较好的解释度，说明土地禀赋对农户采用生态农业技术的收益有显著的影响。

（1）金银花种植面积在模型中是产出弹性最大的投入要素，说明耕地是金银花种植中最主要的投入要素，增加种植面积是提高金银花总收益有效的途径。坡耕地与平坝田的面积比越大，在坡耕地种植金银花的收益越高，但不能超过 14.6 倍，否则由于资金能力的不足会发生收益逆转。

（2）研究区的金银花种植的适宜规模上限为 146 亩，现在平均种植规模仅为 4.44 亩，远小于适度规模。结合第 6 章采用决策的研究结果，并采用适度规模下限的高位值 14.7 亩，因此金银花坡耕地种植面积的适度规模应该为 14.7~146 亩。

（3）坡耕地越细碎，金银花种植收益越低，但是当超过每亩 1.30 块时，反而促使农户间土地流转而整合土地进而提高金银花种植收益，与第 6 章的结论相互印证。

（4）石漠化越严重，金银花种植收益越低，应该根据石漠化程度的不同实施力度不同的扶持政策。

（5）劳动力投入的弹性系数为负值，表明农村劳动力依然富余，仍需向城市和二三产业有效转移。在适度规模以下土地的弹性大于 0 但小于 1，平均值仅为 0.297，说明研究区坡耕地利用不足，有进一步集约化的可能。

坡耕地与劳动力的弹性系数之和仅为 0.123，远小于 1，说明研究区金银花种植的要素投入为规模报酬递减。这表明研究区喀斯特山地的劳动力和土地等要素的生产效率极低。

（6）政府可以通过一系列的手段促进金银花种植收益的提高，进而提高农户的种植积极性。这些手段有对金银花种植农户提供种苗或技术支持，或者通过成立经济组织等手段消除农户对产品销售前景的忧虑，以及提供信贷资金支持等。

（7）应该鼓励年轻的农民参与到生态农业技术种植的行列，因为年轻的农民明显比年老的农民种植效益高。

第9章 研究结论、政策建议与研究展望

西南石漠化治理尽管已取得很大的成效，但是更多地表现为自上而下的生态治理运动，而缺乏调动农户的生态建设积极性的长效措施。为此本书从土地利用结构的视角研究西南生态脆弱区石漠化地区的土地禀赋结构对农户经济行为的影响。本书将农户在技术选择时的土地利用类型限定为易发生石漠化的坡耕地，目的是在探明生态农业技术在生态脆弱区的传播规律的基础上，为石漠化的治理和生态重建因地制宜地提出生态农业技术推广政策的改进建议，以期在石漠化地区真正实现生态效益、经济效益和社会效益的高度统一。

9.1 研究结论

9.1.1 研究方法总结

1. 生态环境问题研究的微观综合路径

生态环境问题的研究涉及自然科学与人文社会学科在微观层面上如何实现统一和综合，对此并没有一个成熟的办法和一致的结论，而本书的研究问题恰好为这个难题提供了一个绝佳的探索机遇。石漠化是自然因素与人文因素交织作用产生的生态环境问题，农户放弃破坏生态的种植结构而采用生态农业技术的科学意义正是由冲突型经济行为向和谐型经济行为的转变，本书正是要对这个转变过程中土地禀赋等影响因素进行分析。为此本书将人文社会学科与自然科学的相关理论和方法在微观层面上进行整合，不拘一格地向多个相关学科大量吸取营养，试验性地建立多个计量模型对假说进行检验，取得一些具有开创性的研究成果（表9-1）。

表 9-1 农户生态农业技术采用行为影响因素汇总表

解释变量		采用意愿	采用决策		采用方式（组织意愿）	采用收益
			采用概率（采用决定）	采用密度（采用程度）		
土地禀赋	二元地貌结构	\	U	U	/	∩
	细碎空间结构	/	∩	U	/	U
	斑状质量结构	\	/	∩	/	/
外部环境	政府支持	/	/	/	/	/
	贷款容易度	○	\	/	/	/
	销售担忧	\	/	/	/	/
	到示范基地距离	/	○	○	○	/
要素投入与农户禀赋	ln务农人口					○
	ln坡耕地面积或种植面积	\	U	U	/	∩
	户主年龄	/	/	\	\	\
	户主学历	\	\	\	\	○
	外出务工比例	○	○	○	○	/
	农业收入比	/	/	/	/	○

注：／表示线性正相关关系；＼表示线性负相关关系；∪表示"U"形二次曲线关系；∩表示倒"U"形二次曲线关系；○表示不显著

2. 土地禀赋结构的解析

土地禀赋是指土地具有的天然特性以及所处的自然环境和经济社会环境的总和，可以分为自然禀赋和人文禀赋两部分。前人研究多是将农户的土地禀赋假定是均一的，区别只是在土地规模上，而在生态脆弱区土地禀赋是多变的，尤其是农户微观尺度上的土地禀赋更是差异明显，对农户的经济行为的影响也是有差异的，而完全均值的土地禀赋相当于本书的特例。

本书将研究区的土地禀赋结构划分为坡耕地-平坝田组成的二元地貌结构、分散细碎地块组成的细碎空间结构以及石漠化程度不同地块组成的斑状质量结构。这种土地禀赋结构的划分在西南地区具有一定的普遍性意义，宏观尺度上的土地禀赋结构划分与微观农户尺度基本相同，但微观尺度的土地禀赋与农户的采用生态农业技术行为关系更加密切。土地利用结构是土地禀赋空间分异规律的具体表现，对于农户经济行为而言是不可轻易更改的外部约束条件，也是集人文社会学科与自然科学为一体的综合概念。结果表明本书构建的衡量生态脆弱性的土地禀赋结构指标体系是一个有效的工具，在各个模型中均有较好的解释度，对一系列的农户经济行为具有显著的影响。

3. 农户经济行为过程的解析

本书重点关注农户采用生态农业技术这种经济行为,将农户经济行为过程定义如下。

技术扩散源 → 采用意愿 → 采用决定 → $\begin{Bmatrix} 采用程度 \\ 采用方式 \end{Bmatrix}$ → 采用收益

本书系统地研究了土地禀赋对农户采用生态农业技术行为的影响,研究对象是从农户采用意愿开始到采用收益评估,构成了一个完整的农户经济行为过程。结果表明,研究方法完全可行,对全过程影响因素的系统分析成果具有一系列重要的政策意义。

9.1.2 农户经济行为规律总结

1. 二元地貌结构关系到生态农业政策的效率

(1) 本书以农户所拥有土地的坡耕地与平坝田面积之比来衡量二元地貌结构。计量分析结果表明,农户耕地的坡坝比及坡耕地的面积越大,农户种植金银花的意愿越低。反映当前农民对农业兴趣低下,平时对坡耕地投入劳动力很少。因为玉米和红薯属于劳动节约型技术,适合粗放经营,剩余劳动力可以进行非农经营。金银花大面积种植则对管护要求比较高,需要农户由粗放经营转变为集约化经营,因此当坡耕地面积或坡耕地比重较大时已不能吸引劳动力越来越稀缺的农户(表9-1)。

(2) 农户坡耕地相对于平坝田的面积比对金银花采用决策的影响具有"门槛效应"。当坡坝比小于5.8倍的门槛值时,坡坝比越大采用概率越低,但坡坝比超过这个门槛值以后,采用概率则开始递增;当坡坝比小于15.8倍的门槛值时,坡坝比越大采用密度越低,但坡坝比超过这个门槛值以后,采用密度则开始递增。此结果也与采用意愿的分析结果相印证。这是因为在门槛值以下时坡坝比越大,农户越无力广泛且深入地采用新技术,而当坡坝比超过门槛值以后农户才会重新调整劳动力,逐步加大新技术的采用概率和采用密度。结果表明研究区地形正是介于纯山区与纯平原区的一种过渡形态,新技术采用决策在坡坝比的门槛值一带发生逆转。

农户坡耕地相对于平坝田的面积比对金银花种植边际收益的影响也具有"门槛效应"。当坡坝比低于门槛值14.6倍时,坡坝比越大,金银花种植收益越大,但是坡坝比突破这一门槛时开始转变为收益递减。这说明研究区坡坝比在一定限度内坡耕地种植金银花的边际收益是递增的,但是坡坝比超过这个限度以后农户则逐渐无力从平坝田向坡耕地供给劳动力而导致土地边际收益递减。

当坡坝比大于15.8倍时采用密度则开始递增，但是当坡坝比大于14.6倍时采用收益却开始递减，而采用概率递增的坡坝比门槛值是5.8倍，因此农户耕地的坡坝比在5.8~14.6倍（简化为6~15倍）既有利于实现广大农户规模化种植，又有利于土地产出效率的提高；而坡坝比大于15.8倍则有利于推进少数农户进行规模化种植，但边际收益较低。

（3）农户坡耕地的面积对金银花采用决策的影响具有"门槛效应"。当坡耕地面积分别小于10.6亩和14.7亩的门槛值时，坡耕地面积越大，采用概率和采用密度越低，但分别超过这个门槛值以后，采用概率和采用密度分别开始递增。

坡耕地金银花的种植面积对金银花边际收益的影响具有"门槛效应"。当金银花种植面积小于146亩时土地生产弹性大于0，而当超过146亩时土地生产弹性小于0，出现规模不经济。

结合坡耕地面积和种植面积的临界值的结论，研究区坡耕地金银花种植面积的适度规模为14.7~146亩（简化为15~146亩）。种植面积在这个范围内既有利于广大农户规模化采用生态农业技术，而且土地产出效率又较高。研究区的金银花平均种植面积只有4.4亩，说明大部分农户金银花的种植规模过小，远远偏离适宜规模。

（4）农户坡耕地的面积或坡耕地相对于平坝田的面积比越大，种植金银花的土地经营组织选择意愿越趋于高级化，即坡耕地面积或坡耕地比例越大的农户越趋向于寻求转入土地甚至加入土地股份合作以扩大种植规模。这是因为拥有坡耕地面积相对较多的农户，在初始土地禀赋上具有较大的优势，更容易转入土地扩大种植面积并获得相应的规模收益。

综上所述，二元地貌结构关系到生态农业政策的效率问题，给我们的启示是制定生态农业推广政策时要切切实实做到因地制宜。

2. 细碎空间结构关系到生态农业的组织化推进

（1）本书以农户每亩坡耕地的地块数量来衡量细碎空间结构。坡耕地每亩地块数量越大，金银花种植意愿也越大，说明坡耕地越细碎越适合调剂性种植。

（2）细碎空间结构与农户采用决策的关系分别呈倒"U"形和"U"形曲线形态。在土地细碎化低于门槛值每亩0.90块时采用概率渐高但采用密度渐小，这是一个采用农户的数量趋于增加但种植规模趋于减小的过程；而当土地细碎化超过这一门槛值每亩0.90块以后采用概率渐低而采用密度渐高，这时转变为一个采用农户的数量趋于减少但种植规模趋于扩大的过程。因为坡耕地细碎化不是很严重时适宜广大农户调剂式小规模分散种植，但是当农户土地过于细碎化时更可能将其流转到少数农业专业户手里形成规模化种植。结果表明农户通过经营组织化的调整能够克服土地细碎化浪费劳动力的这个缺点。

（3）农户土地的细碎空间结构与组织形式选择确实表现为正向关系，即每亩坡耕地的地块数量越大，农户越趋向寻求转入土地甚至进行土地股份合作以扩大种植规模。这是因为耕地越细碎，耕作的交通成本越大越会激励农户寻求将土地尽量连块成片，形成规模化种植。

（4）坡耕地细碎空间结构与农户金银花的采用收益的关系呈"U"形曲线形态。当坡耕地细碎空间结构低于门槛值每亩1.30块时，种植金银花的不同地块之间由于交通时间增加而浪费劳动力，造成金银花种植收益的递减。但是当细碎空间结构超过门槛值每亩1.30块之后，反而能够促进农户之间的土地流转，使得金银花种植收益逐渐逆转为递增。

结合采用决策的门槛值为每亩0.90块的结果，当农户细碎空间结构平均大于每亩1.30块时，推动农户之间分散的小地块联合成完整的大片土地进行规模化种植会变得更加容易，而且土地产出效率也较高。

综上所述，细碎空间结构关系到生态农业的组织化推进，即生态农业的组织化推进要顺势而为，不能过于理想化从事，必须考虑到农户耕地的细碎空间结构的特点。

3. 斑状质量结构关系到生态农业政策的边界

（1）本书以抽样地块的石漠化率来衡量斑状质量结构。农户所拥有坡耕地的石漠化率越大，农户的金银花种植意愿越低。可见恶化的斑状质量结构不利于提高农户生态治理的积极性。

（2）农户所拥有地块的石漠化率与金银花的采用概率的关系为正的线性关系，与采用密度的关系为倒"U"形的二次曲线关系。在石漠化率小于门槛值56.0%时，石漠化率越大则采用密度越大，当超过这个门槛值以后石漠化率越大则采用密度越小。这是由于石漠化率较大的地块产出不高，试错的机会成本也小，故金银花的种植概率和种植面积可能反而更大，但是当石漠化率超过一定限度时，生态环境的恶化将导致收益率大减，种植面积则趋于减少。

（3）斑状质量结构越恶劣农户种植金银花的组织化意愿越低级化，即石漠化率越高，农户越不愿意转入土地或采用土地股份合作制。生态环境的恶劣降低农户的种植预期收益，进而降低农户进行土地经营组织形式选择的意愿。

（4）农户所拥有地块的石漠化率与农户金银花的种植收益的关系为负的线性关系，这是因为石漠化率越大，土壤越贫瘠因而收益也相应越低。综合采用决策结果，当石漠化率小于56.0%时，推广生态农业技术的阻力还不是很大，但是当石漠化率超过56.0%时需要加大推广力度才行，或者说应该放弃治理，改为封闭自然恢复。

综上所述，斑状质量结构关系到生态农业政策的边界，表明生态农业政策不是万能的，政策效果受到斑状质量结构的强力制约。

4. 外部环境关系到政府生态治理的责任

（1）农户若能够获得政府提供的种苗和技术辅导，则采用意愿、采用概率、采用密度、组织意愿级别、种植纯收益都将大幅提高。结果意味着政府在生态治理中的责任重大。

（2）贷款容易度对采用意愿没有显著的影响，但是越容易获得贷款采用概率反而越小、采用密度却越大，而且组织化程度趋于高级化、产出效益递增。这说明金银花并非农户投资首选，容易获得贷款反而使农户转向其他经营，但是一旦采用生态农业技术，容易贷款则能够促进农户扩大种植规模、提高组织化程度进而增加种植收益，说明对生态农业技术的定向贷款扶持更能够做到有的放矢。

（3）农户销售担忧越强烈，农户种植意愿、采用概率、采用密度和产出收益越低，但是组织化意愿程度却愈加提高，目的是增强抵御市场风险的能力。

（4）农户住家到示范基地越远种植意愿越强烈，但是收益递减，而与采用概率和采用密度没有显著关系，对组织化程度也不构成有效的变量。这表明金银花属于兼有经营性技术和生态农业技术双重特征的中间性技术，尽管受政府鼓励诱导可能提高种植意愿，但是由于交通成本的增加而使种植收益递减，故没有进一步的深层影响。

综上所述，外部环境与农户经济行为的关系表明政府在生态治理中的责任重大，政策供给是否充足及是否科学直接关系到生态治理的成败。

5. 农户禀赋关系到生态治理的可持续性

（1）劳动力投入的弹性系数为负值，表明农村劳动力依然富余，需要向外转移。在适度规模146亩以下，土地的弹性大于0，但远小于1，说明研究区坡耕地利用效率不高，需要进一步集约化利用。

（2）坡耕地与劳动力的弹性系数之和远小于1，说明金银花种植的要素投入为规模报酬递减。这表明研究区岩溶山地的劳动力和土地等要素的生产效率极低。

（3）户主年龄越大，金银花种植意愿越高，采用概率也越高，但采用密度却越低，组织意愿和采用收益也越低。这表明老年人的非农就业机会少，务农机会成本更低，更愿意在家乡种植金银花，但是随着老年人年纪增大而体力下降则种植规模也随之降低，收益也随之降低，故组织化要求也随之降低，这种现象可以概括为"有心栽秧，无力多种"。这表明年纪大的农民不利于可持续的生态重建。

（4）户主学历越高，金银花种植意愿和采用概率越低，但是采用密度和组织化程度要求越高。这说明高学历的农民非农就业机会更多，对金银花种植兴趣不大、投入也不足。但是文化水平较高的农户更加希望通过提高组织化程度扩大种植规模。这表明高学历农户代表农村先进的生产力。

（5）农户外出务工比例与采用意愿、采用概率和组织化程度要求的关系不显著，与采用密度和种植收益为显著正相关关系。这说明外出务工成员多的家庭对生态农业技术兴趣不高，但务工收益有可能为扩大金银花种植面积提供资金支持。

（6）农户的农业收入比重与种植意愿、采用概率、组织化要求为显著正相关关系，但与采用密度为显著负相关关系，与种植收益没有显著关系。这说明农业收入高的农户更依赖农业种植，对金银花种植也更有兴趣，对组织化程度要求也高，但缺乏资金扩大种植面积和增加要素投入。

综上所述，农户禀赋的质量越高，农户经济行为越有利于生态治理，因此只有吸引到综合素质较高的农户投入生态治理中才可能实现可持续性的生态治理。

9.2 政策建议

1. 生态重建的宏观政策必须考虑农户尺度的微观基础

既有生态建设的政策是因地制宜制定的，但是通常仅仅考虑的是区域之"地"的自然条件，而忽略农户之"地"的土地禀赋。不考虑农户微观尺度的土地禀赋有可能严重影响生态政策的实施效果。不同的生态脆弱区可以具体情况具体分析，从本书的研究中可以得出如下政策建议。

（1）挑选生态农业技术推广的合适对象。本书研究表明，研究区的适度坡耕地面积为 15~146 亩，适度坡坝比为 6~15 倍。若农户拥有耕地的土地禀赋结构在这个指标范围内，则采用生态农业技术不仅产出效率高，而且积极性也较大，推动此类农户扩大金银花的种植规模会事半功倍。

（2）挑选组织化的适宜对象。本书研究表明，研究区若每亩坡耕地的地块数量大于 1.3 块，土地更易流转到经营大户手中。所以此时推动此类农户分散的小地块相互联合成完整的大片土地，成立高级经济组织的效果会更好。

（3）退耕还林与封山育林政策的界限。现行退耕还林政策规定坡度大于 25° 的坡耕地实行退耕还林，而没有考虑具体的生态环境。本书研究结果表明，当研究区石漠化率超过 56%时推广生态农业技术难度变大，强行治理可能得不偿失，或者暂时应该放弃治理，或封山育林使其自然恢复。本书研究成果提供一个退耕还林与封山育林政策实施的量化界限，即石漠化率或岩石裸露率在 56%以下时宜采取"积极治理"的政策，而当石漠化率或岩石裸露率达到 56%以上时宜采取"无为而治"的态度。

2. 政府必须积极发挥应尽的生态责任

我国已将生态文明作为实现全面建成小康社会奋斗的目标之一，实现这个目标需要政府居于主导地位和发挥独到的作用。这是因为：首先，现代社会理念赋予了政府提供公共物品的责任，而生态环境是典型的公共物品；其次，生态环境问题本身具有一定的跨区域性甚至跨国界性，只有政府具有宏观调控能力；最后，根据经济学理论，公共物品具有正的外部性，所以单纯依靠市场机制是不能实现最优提供的。本书研究表明，政府的支持对生态农业技术的传播具有非常明显的推动效果。通过本书研究可以得出如下政策建议。

（1）政府直接提供支持。本书研究表明，生态农业技术表现出具有明显的公共物品特性，政府的支持对推广生态农业技术至关重要。在生态建设中需要政府在种苗、技术、销售等方面的大力支持。

（2）政府制定金融支持政策。本书研究表明，笼统改善信贷环境可能使农户倾向其他生产投资，对农户提供生态治理的定向信贷支持可促进生态农业技术的推广，因此金融机构要对生态建设有倾向性的支持，但是金融机构是经营性的企业，也应获得相应的政策支持。

（3）政府制定财政补贴政策。本书研究表明，生态农业技术也不是纯粹的公共产品，也具有普通商品的性质，仅仅依靠市场的力量是不能提供社会需求的最优数量的，需要政府的财政补贴以推动生态农业技术的最优推广。

3. 鼓励综合素质高的农民积极参与生态建设

我国可利用土地资源短缺，耕地后备资源严重不足，18亿亩耕地红线岌岌可危。耕地资源总体质量差，存在严重的生态退化，特别是西南广大的岩溶地区的石漠化已成为我国的三大生态灾害之一。因此石漠化地区的生态恢复和重建不仅关系到岩溶地区的土地质量，还关系到我国的土地可持续利用和粮食安全。通过本书研究可以得出如下政策建议。

（1）鼓励综合素质高的农民积极参与生态建设。本书研究表明，农户综合素质越高，采用生态农业技术的行为越积极，而且劳动力和土地等要素的生产效率也越高。因此应该鼓励年纪轻、文化水平高的农民积极参与生态建设。只有这些高素质的农民积极参与，才能使石漠化地区的生态建设得到可持续的发展。

（2）鼓励有能力的农户投资生态建设。广大农村地区有大量的相对高素质的农民外出务工，这些高素质的农民拥有较为丰富的经营经验和较充足的现金收入。本书研究表明，如果部分农民回流农村参与生态建设，将使石漠化地区的生态得到积极而健康的发展。因此应该制定适宜的政策鼓励外出务工农民以及务工收入回流投入家乡的生态农业建设中。

（3）城乡之间人才之争需要寻求平衡。本书研究表明农村人口总量依然富余，造成人均生产力不高，农村中的一大批人口仍需向城市和二三产业有效转移。具体表现如下：一方面，农村需要高素质的劳动力回流参与生态建设；另一方面，有大批闲暇的农民需要转移出去。农村与城市都需要高素质的劳动力，因此针对生态建设的人才政策需要在城市经济建设和农村生态建设中寻求平衡。

4. 生态农业技术的推广需要走产业化经营的道路

本书研究表明，在坡耕地采用生态农业技术的土地产出效率还很低，表现为粗放经营的性质。这是由于受到土地规模、技术水平和经营能力的限制，必须走产业化的道路才能广泛持久地推动生态建设的高效发展。通过本书研究可以得出如下政策建议。

（1）发展专业化合作组织。生态农业技术推广过程中市场风险是农户所面临的最大风险，对生态农业产品的销售信心直接影响到农户生态建设的积极性。因此只有发展专业化合作组织才能增加抵御市场风险的能力。

（2）推动农业技术社会化服务。个体农户独立掌握农业技术面临很多困难，而农业技术服务的社会化可以为每个农户提供科学、规范和低廉的服务。

（3）发挥龙头农户的带动作用。经验表明一个产业的发展往往需要个别经营大户的带动，因此要努力培养农村中生态农业经营大户并充分发挥他们的带头作用。

（4）鼓励外来资本投资生态农业建设。外来资本正逐渐成为农村经济发展的重要推动源泉，如果能够制定适宜的鼓励政策引导外来资本进入生态农业，则可能发展成为未来农村生态建设的新兴力量。

9.3 研究展望

本书系统研究土地禀赋等要素对农户经济行为的影响。由于笔者研究能力有限，而科学研究却永无止境，故对进一步深化研究有下列展望。

（1）展开跨地区研究对比。本书选取重庆市巫山县福田镇作为研究区，石漠化还涉及贵州、云南、广西、湖南、湖北、四川、广东7个省区。不同地区的土地禀赋应该有所差异，比较它们之间土地禀赋对生态农业技术采用行为影响的异同一定会有新的发现。

（2）扩展生态农业技术种类。本书是以金银花作为生态农业技术的代表进行研究的，用于石漠化治理的生态农业技术新品种还有花椒、砂仁、扶芳藤、青天葵、任豆树和牧草等，不同的生态农业技术的技术特点和经济属性有所不同，利用科学和规范的方法比较它们之间推广效果的差异对石漠化防治的生态农业技术选择有重要理论意义和现实意义。

（3）扩展研究对象。本书是将普通农户作为生态农业技术投资主体来研究的，此外还有种植专业户、民间投资者和外来农业投资公司等生态农业技术种植实体，研究对比这些多元主体的经济行为对生态农业技术的推广具有非常大的现实意义。

（4）技术贡献率比较研究。农户采用新技术的投入要素为劳动力、资本、土地和新技术。同一生态农业技术对不同农户的增收贡献率有所差异，而且不同的生态农业技术对同一农户增收的贡献率也不同，对它们之间技术贡献率进行科学的比较研究才能筛选出最适宜一个地区的石漠化防治技术，并有效提高防治效率。

（5）研究石漠化地区经济可持续发展理论。岩溶石漠化地区是典型的生态脆弱区，经济发展面临更多的资源约束，需要在解析人类活动与石漠化的相互作用机制的基础上以及在探明市场经济体制下政府、企业、社会的相互作用机制的基础上，研究石漠化地区产业选择的理论基础、探索石漠化地区经济发展模式、寻找生态脆弱区可持续发展路径，为最终实现生态效益、经济效益、社会效益的共赢提供理论依据。

参考文献

艾利思 F. 2006. 农民经济学：农民家庭农业和农业发展. 2版. 胡景北译. 上海：上海人民出版社.
安国英，周璇，温静，等. 2016. 西南地区石漠化分布、演变特征及影响因素. 现代地质，30（5）：1150-1159.
贝克尔 G S. 2008. 人类行为的经济分析. 王业宇，陈琪译. 上海：上海三联书店.
卜琦娟，周曙东，葛继红. 2010. 发达地区农地流转影响因素分析——基于浙江省农户样本数据. 农业技术经济，（6）：28-36.
蔡会德，胡宝清，农胜奇，等. 2011. 广西石漠化治理现状及其分区施策. 广西师范学院学报（自然科学版），28（3）：57-62.
蔡运龙. 1998. 在深化可持续发展研究中发展地理学. 地理研究，17（1）：17-22.
蔡运龙，蒙吉军. 1999. 退化土地的生态重建：社会工程途径. 地理科学，19（3）：198-204.
陈前江. 2010. 农户香菇生产经营现状及收益影响因素分析. 农村经济与科技，21（5）：80，91，92.
陈升琪. 2003. 重庆地理. 重庆：西南师范大学出版社.
陈玉萍，吴海涛. 2010. 农业技术扩散与农户经济行为. 武汉：湖北人民出版社.
陈玉萍，张嘉强，吴海涛，等. 2010. 资源贫瘠地区农户技术采用的影响因素分析. 中国人口·资源与环境，20（4）：130-136.
成永生. 2015. 我国喀斯特石漠化研究现状及未来趋势. "石漠化综合治理与生态文明建设"学术研讨会暨2015年石漠化防治专业委员会年会获奖论文集.
杜玉珍，魏东风. 2010. 从土地禀赋看西部农业经济组织创新. 甘肃农业，（9）：55，56.
风笑天. 2005. 现代社会调查方法. 3版. 武汉：华中科技大学出版社.
高启杰. 2000. 农业技术推广中的农民行为研究. 农业科技管理，19（1）：28-30.
高启杰. 2008. 农业推广理论与实践. 北京：中国农业大学出版社.
格雷戈里 K J. 2006. 变化中的自然地理学性质. 蔡运龙，吴秀芹，李卫锋，等译. 北京：商务印书馆.
葛继红，周曙东，朱红根，等. 2010. 农户采用环境友好型技术行为研究——以配方施肥技术为例. 农业技术经济，（9）：57-63.

郭晶, 郑亚莉. 2007. 浙江省农户技术采用行为影响因素的实证分析. 浙江学刊,（6）：188-191.

郭于华. 2002. "道义经济"还是"理性小农"重读农民学经典论题. 读书,（5）：104-110.

国家环境保护局. 1995. 全国生态示范区建设规划纲要（1996~2050年）. 环然（95）444号.

国家林业和草原局. 2018-12-14. 中国·岩溶地区石漠化状况公报. 中国绿色时报.

国家林业局. 2006-06-23. 岩溶地域石漠化状况公报. 人民日报.

国家林业局. 2018-12-14. 岩溶地区石漠化状况公报. 人民日报.

国亮, 侯军歧. 2011. 农户禀赋影响节水灌溉技术普及的实证分析——以陕西为例. 农业与农村问题,（1）：79-81.

韩喜平, 谢振华. 2000. 浅析农户行为与环境保护. 中国环境管理,（6）：27, 28.

韩义民. 1988. 社会经济统计原理. 西安：陕西人民出版社.

韩永学. 2003. "地理学"的哲学思考. 哈尔滨学院学报, 24（1）：26-29.

洪业汤. 2000. 岩溶（喀斯特）环境与西部开发. 第四纪研究, 20（6）：532-538.

胡雪萍, 董红涛. 2015. 构建绿色农业投融资机制须破解的难题及路径选择. 中国人口·资源与环境, 25（6）：152-158.

胡中应, 余茂辉. 2013. 社会资本视角下的农业科技服务体系创新研究. 经济问题探索,（2）：140-144.

黄成敏, 艾南山, 姚建, 等. 2003. 西南生态脆弱区类型及其特征分析. 长江流域资源与环境, 12（5）：467-472.

黄季焜. 2018. 农业供给侧结构性改革的关键问题：政府职能和市场作用. 中国农村经济,（2）：2-14.

黄季焜, 胡瑞法, 张林秀, 等. 2000. 中国农业科技投资经济. 北京：中国农业出版社.

黄金国, 魏兴琥, 李森. 2011. 粤北岩溶山区石漠化土地的植被退化及其恢复途径——以英德、阳山、乳源、连州4县（市）为例. 西北林学院学报, 26（1）：22-26.

黄秋昊, 蔡运龙, 王秀春. 2007. 我国西南部喀斯特地区石漠化研究进展. 自然灾害学报, 16（2）：106-111.

黄武. 2010. 农户对有偿技术服务的需求意愿及其影响因素分析——以江苏省种植业为例. 中国农村观察,（2）：54-62.

黄宗智. 2000. 长江三角洲小农家庭与乡村发展. 北京：中华书局.

基钦 R, 泰特 N J. 2006. 人文地理学研究方法. 蔡建辉译. 北京：商务印书馆.

蒋忠诚, 罗为群, 童立强, 等. 2016. 21世纪西南岩溶石漠化演变特点及影响因素. 中国岩溶, 35（5）：461-468.

孔祥智, 方松海, 庞晓鹏, 等. 2004. 西部地区农户禀赋对农业技术采纳的影响分析. 经济研究,（12）：85-95, 122.

孔祥智, 庞晓鹏, 马九杰, 等. 2005a. 西部地区农业技术应用的效果、安全性及影响因素研究. 北京：中国农业出版社.

孔祥智，庞晓鹏，张云华，等. 2005b. 北方地区小麦生产的投入要素及影响因素实证分析//黄祖辉，杨列勋，陈随军. 农业经济管理论文集：农业经济管理学科前沿发展战略学术研讨会论文集. 北京：科学出版社：180-189.

孔祥智，徐珍源. 2010. 转出土地农户选择流转对象的影响因素分析——基于综合视角的实证分析. 中国农村经济，(12)：17-25，67.

兰安军，张百平，熊康宁，等. 2003. 黔西南脆弱喀斯特生态环境空间格局分析. 地理研究，22（6）：733-742.

蓝安军，熊康宁，安裕伦. 2001. 喀斯特石漠化的驱动因子分析——以贵州省为例. 水土保持通报，21（6）：19-23.

冷疏影，宋长青. 2005. 中国地理学面临的挑战与发展. 地理学报，60（4）：553-558.

黎霆，赵阳，辛贤. 2009. 当前农地流转的基本特征及影响因素分析. 中国农村经济，(10)：4-11.

李波，张俊飚，张亚杰. 2010. 贫困农户农业科技需求意愿及影响因素实证研究. 中国科技论坛，(5)：127-132.

李超，张凤荣，宋乃平，等. 2003. 土地利用结构优化的若干问题研究. 地理与地理信息科学，19（2）：52-55，59.

李谷成，冯中朝，占绍文. 2008. 家庭禀赋对农户家庭经营技术效率的影响冲击——基于湖北省农户的随机前沿生产函数实证. 统计研究，25（1）：35-42.

李辉婕，胡伟，肖萍，等. 2018. 政府主导下的农村地区产业扶贫实践与路径优化——基于江西省N村产业扶贫现状的考察. 农林经济管理学报，17（2）：235-244.

李吉均. 1999. 世纪之交的中国地理学——关于地理学在中国的发展前景的思考. 北京：人民教育出版社.

李佳怡，李同昇，李树奎. 2010. 不同农业技术扩散环境区农户技术采用行为分析——以西北干旱半干旱地区节水灌溉技术为例. 水土保持通报，30（5）：201-205，236.

李建林，陈瑜琦，江清霞，等. 2006. 中国耕地破碎化的原因及其对策研究. 农业经济，(6)：21-23.

李普峰，李同昇，满明俊，等. 2010. 农业技术扩散的时间过程及空间特征分析——以陕西省苹果种植技术为例. 经济地理，30（4）：647-651.

李瑞玲，王世杰，熊康宁，等. 2006. 贵州省岩溶地区坡度与土地石漠化空间相关分析. 水土保持通报，26（4）：82-86.

李瑞玲，王世杰，张殿发. 2002. 贵州喀斯特地区生态环境恶化的人为因素分析. 矿物岩石地球化学通报，21（1）：43-47.

李森，魏兴琥，黄金国，等. 2007. 中国南方岩溶区土地石漠化的成因与过程. 中国沙漠，27（6）：918-926.

李生，张守攻，姚小华，等. 2008. 黔中石漠化地区不同土地利用方式对土壤环境的影响. 长江流域资源与环境，17（3）：384-389.

李同昇，罗雅丽. 2016. 农业科技园区的技术扩散. 地理研究，35（3）：419-430.

李小建,等. 2009. 农户地理论. 北京:科学出版社.

李阳兵,白晓永,周国富,等. 2006a. 中国典型石漠化地区土地利用与石漠化的关系. 地理学报, 61(6):624-632.

李阳兵,高明,邵景安,等. 2005a. 岩溶山区不同植被群落土壤生态系统特性研究. 地理科学, 25(5):606-613.

李阳兵,姜丽,白晓永. 2006b. 亚热带喀斯特石漠化土地退化特征研究. 长江流域资源与环境, 15(3):395-399.

李阳兵,王世杰,熊康宁. 2005b. 花江峡谷石漠化土地生态重建及其启示. 中国人口·资源与环境, 15(1):138-142.

李月臣,杨华. 2008. 重庆市石漠化灾害特征及防治分区研究. 中国地质灾害与防治学报, 19(2):134-138.

李志伟. 1999. 世纪末大盘点(五):中国森林状态备忘录. 森林与人类,(12):4-10.

利迪 P D,奥姆罗德 J E. 2005. 实用研究方法论:计划与设计. 7版. 顾宝炎,牛冬梅,陈国沪,等译. 北京:清华大学出版社.

林善浪,王健,张锋. 2010. 劳动力转移行为对土地流转意愿影响的实证研究. 中国土地科学, 24(2):19-23.

林善浪,张丽华. 2009. 农村土地转入意愿和出意愿的影响因素分析——基于福建农村的调查. 财贸研究,(4):35-41.

林毅夫. 2008. 制度、技术与中国农业发展. 上海:格致出版社.

刘国勇,陈彤. 2010. 新疆焉耆盆地农户主动选择节水灌溉技术的实证研究. 新疆农业大学学报, 33(5):465-468.

刘军会,邹长新,高吉喜,等. 2015. 中国生态环境脆弱区范围界定. 生物多样性, 23(6):725-732.

刘朋虎,黄颖,赵雅静,等. 2017. 高效生态农业转型升级的战略思考与技术对策研究. 生态经济, 33(8):105-110,133.

刘拓,周光辉,但新球,等. 2009. 中国岩溶石漠化——现状、成因与防治. 北京:中国林业出版社.

刘晓敏,王慧军. 2010. 黑龙港区农户采用农艺节水技术意愿影响因素的实证分析. 农业技术经济,(9):73-79.

刘晓敏,王慧军,李运朝. 2010. 太行山前平原区农户采用小麦玉米农艺节水技术意愿影响因素的实证分析. 中国生态农业学报, 18(5):1099-1105.

刘笑明. 2008. 地理学视野中的农业科技园区技术创新扩散研究. 中国科技论坛,(1):75-78.

刘笑明,李同升. 2008. 农业技术创新扩散环境的定量化评价研究——以杨凌、关中地区为例. 地理科学, 28(5):656-661.

刘彦随. 1999a. 区域土地利用优化配置. 北京:学苑出版社.

刘彦随. 1999b. 山地土地结构格局与土地利用优化配置. 地理科学, 19(6):504-509.

刘洋, 邱道持. 2011. 农地流转农户意愿及其影响因素分析. 农机化研究, (7): 1-6.
刘胤汉. 1987. 论土地类型的结构、演替与生态设计——以陕西省1:50万土地类型图为例. 自然资源, (3): 25-33.
陆大道. 2002. 关于地理学的"人-地系统"理论研究. 地理研究, 21 (2): 135-145.
罗杰斯 E M. 2002. 创新的扩散. 辛欣译. 北京: 中央编译出版社.
罗林. 2006. 毕节地区石漠化成因及防治途径. 中国水土保持, (6): 15-17.
罗小锋. 2011. 农户采用节约耕地型与节约劳动型技术的差异. 中国人口·资源与环境, 21 (4): 132-138.
罗小锋, 秦军. 2010. 农户对新品种和无公害生产技术的采用及其影响因素比较. 统计研究, 27 (8): 90-95.
骆世明. 1995. 中国多样的生态农业技术体系. 自然资源学报, 10 (3): 225-231.
吕文春, 陈性平. 2013. 贵州盘县石漠化现状及综合防治对策. 中国水土保持, (8): 34-36.
满明俊, 李同昇. 2010. 农户采用新技术的行为差异、决策依据、获取途径分析——基于陕西、甘肃、宁夏的调查. 科技进步与对策, 27 (15): 58-63.
满明俊, 周民良, 李同昇. 2010. 农户采用不同属性技术行为的差异分析——基于陕西、甘肃、宁夏的调查. 中国农村经济, (2): 68-78.
苗建青, 谢世友, 袁道先, 等. 2012. 基于农户-生态经济模型的耕地石漠化人文成因研究——以重庆市南川区为例. 地理研究, 31 (6): 967-979.
穆桂春, 刁承泰. 1988. 地貌与农业. 北京: 农业出版社.
牛文元. 1992. 理论地理学. 北京: 商务印书馆.
皮啸菲, 周生路, 吴绍华. 2010. 江苏省土地资源禀赋度空间变化研究. 土壤, 42 (4): 652-657.
恰亚诺夫 A. 1996. 农民经济组织. 萧正洪译. 北京: 中央编译出版社.
冉奥博, 张雷. 2014. 农民经济行为研究的理性之辩. 中国农学通报, 30 (29): 120-127.
任海. 2005. 喀斯特山地生态系统石漠化过程及其恢复研究综述. 热带地理, 25 (3): 195-200.
尚燕, 颜廷武, 江鑫, 等. 2018. 绿色化生产技术采纳: 家庭经济水平能唤醒农户生态自觉性吗? 生态与农村环境学报, 34 (11): 988-996.
邵景安, 李阳兵. 2008. 西南岩溶山地乡村景观格局与石漠化调控展望. 地理科学进展, 27 (1): 25-31.
沈涵, 吴文庆, 赵铮. 2011. 农民种粮收益影响因素与土地经营规模研究综述. 经济学动态, (4): 100-102.
石璐璐, 赵敏娟. 2011. 陕西省农村土地流转影响因素分析——基于462户农户调查数据. 广东土地科学, 10 (3): 7-11.
史清华. 1999. 农户经济增长与发展研究. 北京: 中国农业出版社.
史清华, 贾生华. 2002. 农户家庭农地要素流动趋势及其根源比较. 管理世界, (1): 71-77, 92.
舒尔茨 T W. 2006. 改造传统农业. 梁小民译. 北京: 商务印书馆.

斯科特 J C. 2001. 农民的道义经济学：东南亚的反叛与生存. 程立显, 刘建, 等译. 南京：译林出版社.

四川省地矿局南江水文地质大队（四川省地质局）. 1981. 区域水文地质普查报告-奉节幅（1：200000）.

四川省地矿局南江水文地质大队（四川省地质局）. 1996. 巫山县新城址水文地质工程地质环境地质报告.

宋军, 胡瑞法, 黄季焜. 1998. 农民的农业技术选择行为分析. 农业技术经济, （6）：36-39, 44.

苏维词, 朱文孝. 2000. 贵州喀斯特山区生态环境脆弱性分析. 山地学报, 18（5）：429-434.

速水佑次郎, 拉坦 V W. 2000. 农业发展的国际分析. 郭熙宝, 张进铭, 等译. 北京：中国社会科学出版社.

孙保敬, 南灵. 2010. 农地流转影响因素的实证分析——基于省级面板数据的分析. 农村经济与科技, （2）：63-65.

孙承兴, 王世杰, 周德全, 等. 2002. 碳酸盐岩差异性风化成土特征及其对石漠化形成的影响. 矿物学报, 22（4）：308-314.

谭淑豪, 曲福田, 哈瑞柯 N. 2003. 土地细碎化的成因及其影响因素分析. 中国农村观察, （6）：24-30, 74.

汤茂林, 陆玭, 刘茂松. 2010. 统一地理学发展之道——直面危机, 加强对话, 超越自然-人文二元化. 热带地理, 30（2）：101-107, 120.

唐博文, 罗小锋, 秦军. 2010. 农户采用不同属性技术的影响因素分析——基于9省（区）2110户农户的调查. 中国农村经济, （6）：49-57.

唐文金. 2008. 农户土地流转意愿与行为研究. 北京：中国经济出版社.

田明中, 程捷. 2009. 第四纪地质学与地貌学. 北京：地质出版社.

田玉军, 李秀彬, 马国霞. 2010. 耕地和劳动力禀赋对农村劳动力外出务工影响的实证分析——以宁夏南部山区为例. 资源科学, 32（11）：2160-2164.

汪攀, 王霖娇, 盛茂银. 2018. 西南喀斯特石漠化生态系统植物多样性、土壤生态化学计量特征及其相关性分析. 南方农业学报, 49（10）：1959-1969.

王德炉, 朱守谦, 黄宝龙. 2005. 贵州喀斯特石漠化类型及程度评价. 生态学报, 25（5）：1057-1063.

王国辉. 2006. 基于农户净收益最大化的中国乡城迁移研究. 北京：经济科学出版社.

王景旭, 齐振宏, 杨凡, 等. 2010. 农户对水稻主要技术需求及其影响因素的实证研究——以湖北省为例. 农村经济, （10）：32-36.

王嫚嫚, 刘颖, 蒯昊, 等. 2017. 土地细碎化、耕地地力对粮食生产效率的影响——基于江汉平原354个水稻种植户的研究. 资源科学, 39（8）：1488-1496.

王世杰, 李阳兵. 2005. 生态建设中的喀斯特石漠化分级问题. 中国岩溶, 24（3）：192-195.

王世杰, 李阳兵, 李瑞玲. 2003. 喀斯特石漠化的形成背景、演化与治理. 第四纪研究, 23（6）：657-666.

王武科,李同升,刘笑明,等.2008.农业科技园技术扩散的实证研究——以杨凌示范区为例.经济地理,28(4):661-666.

王绪龙,张巨勇,张红.2008.农户对可持续农业技术采用意愿分析.生态经济,(6):119,120,129.

王永强,朱玉春.2009.农业技术扩散过程中的障碍因素分析.中国科技论坛,(1):107-111.

王跃生.1999.家庭责任制、农户行为与农业中的环境生态问题.北京大学学报(哲学社会科学版),36(3):43-50,157.

吴比,刘俊杰,徐雪高,等.2016.农户组织化对农民技术采用的影响研究——基于11省1022个农户调查数据的实证分析.农业技术经济,(8):25-33.

吴传钧.1990.国际地理学发展趋向述要.地理研究,9(3):1-14.

吴传钧.1991.论地理学的研究核心——人地关系地域系统.经济地理,11(3):1-6.

吴传钧.1996.地理学的国际发展趋向.大自然探索,(1):7-12.

吴传钧.2008.人地关系地域系统的理论研究及调控.云南师范大学学报(哲学社会科学版),40(2):1-3.

吴殿廷,葛岳静.1997.人地系统动力学研究中的几个问题.热带地理,17(1):95-100.

吴乐,邹文涛.2011.中部生态脆弱地区农民对新技术采用意愿研究——基于中部六省生态脆弱地区582位农民的调查.生态经济,(5):84-88.

吴绍田.1998.中国农户投资行为分析.北京:中国农业出版社.

吴协保.2016.继续推进岩溶地区石漠化综合治理二期工程的现实意义.中国岩溶,35(5):469-475.

吴秀芹,蔡运龙,蒙吉军.2005.喀斯特山区土壤侵蚀与土地利用关系研究——以贵州省关岭县石板桥流域为例.水土保持研究,12(4):46-48,77.

吴业苗.2018.农村扶贫的城镇转向及其进路.中国农业大学学报(社会科学版),35(5):1-9.

吴玉鸣,徐建华.2004.中国区域经济增长集聚的空间统计分析.地理科学,24(6):654-659.

吴泽斌,刘卫东,罗文斌,等.2009.我国耕地保护的绩效评价及其省际差异分析.自然资源学报,24(10):1785-1793.

谢家雍.2001.西南石漠化与生态重建.贵阳:贵州民族出版社.

熊康宁,黎平,周忠发,等.2002.喀斯特石漠化的遥感—GIS典型研究——以贵州省为例.北京:地质出版社.

徐同道,吴冲.2008.农户资源禀赋对优质小麦新品种选择影响之实证分析——以江苏丰县为例.中国农学通报,24(1):224-228.

徐占军,张绍良,张建,等.2008.农地流转影响因素:基于农户层面的实证研究——以江苏省为例.农村经济,(11):30-32.

严奇岩.2009.从跨学科视野看石漠化研究存在的问题.理论与当代,(3):13,14.

严奇岩.2010.清代玉米的引进与推广对贵州石漠化的影响.贵州师范大学学报(社会科学版),

（3）：48-53.

杨传喜，张俊飚，徐卫涛. 2011. 农户技术需求的优先序及影响因素分析——以河南、山东等食用菌主产区种植户为例. 西北农林科技大学学报（社会科学版），11（1）：41-47.

杨明德. 1990. 论喀斯特环境的脆弱性. 云南地理环境研究，2（1）：21-29.

杨万江，赵二朋. 2010. 农户水稻净收益影响因素分析——基于湖南、浙江农户的调查数据. 经济论坛，（10）：145-147.

姚科艳，陈利根，刘珍珍. 2018. 农户禀赋、政策因素及作物类型对秸秆还田技术采纳决策的影响. 农业技术经济，（12）：64-75.

叶明华，汪荣明. 2016. 收入结构、融资约束与农户的农业保险偏好——基于安徽省粮食种植户的调查. 中国人口科学，（6）：107-117，128.

庾德昌. 1996. 农民贫富探源：农户经济行为分析. 北京：中国财政经济出版社.

袁道先，蒋勇军，沈成立，等. 2016. 现代岩溶学. 北京：科学出版社.

袁道先，刘再华，等. 2003. 碳循环与岩溶地质环境. 北京：科学出版社.

岳意定，刘莉君. 2010. 基于网络层次分析法的农村土地流转经济绩效评价. 中国农村经济，（8）：36-47.

张兵，周彬. 2006. 欠发达地区农户农业科技投入的支付意愿及影响因素分析——基于江苏省灌南县农户的实证研究. 农业经济问题，（1）：40-44.

张德华. 2016. 粮食主产区农户农业技术投资意愿影响因素研究. 统计与决策，（10）：106-108.

张丁，万蕾. 2007. 农户土地承包经营权流转的影响因素分析——基于2004年的15省（区）调查. 中国农村经济，（2）：24-34.

张巨勇，张欣. 2004. 可持续农业技术采用的经济学分析. 经济问题探索，（10）：91-94.

张军以，戴明宏，王腊春，等. 2014. 生态功能优先背景下的西南岩溶区石漠化治理问题. 中国岩溶，33（4）：464-472.

张力小. 2006. 人地作用关系中生态陷阱现象解析. 生态学报，26（7）：2167-2173.

张佩芳，王茂新. 2006. 云南西双版纳基诺巴卡土地利用/土地覆盖时空动态研究. 农业工程学报，22（3）：57-62.

张文奎. 1993. 人文地理学概论. 长春：东北师范大学出版社.

张文秀，李冬梅，邢殊媛，等. 2005. 农户土地流转行为的影响因素分析. 重庆大学学报（社会科学版），11（1）：14-17.

张喜. 2003. 贵州喀斯特山地坡耕地立地影响因素及分区. 南京林业大学学报（自然科学版），27（6）：98-102.

张小迎，冷小黑. 2010. 生态林农户经营意愿影响因素实证分析——基于江西省宜春市的调查. 宜春学院学报，32（6）：47-49.

张笑寒. 2008. 农村土地股份合作制的农户收入效应——基于江苏省苏南地区的农户调查. 财经科学，（5）：110-117.

张尹君杰，卓建伟. 2008. 土地细碎化的正面与负面效应的双重论证——基于河北省农户固定观察点资料的实证研究. 江西农业大学学报（社会科学版），7（4）：25-29.

张勇. 2008. 样本量并非"多多益善"——谈抽样调查中科学确定样本量. 中国统计，(5)：45-47.

章程，谢运球，吕勇，等. 2006. 不同土地利用方式对岩溶作用的影响——以广西弄拉峰丛洼地岩溶系统为例. 地理学报，61（11）：1181-1188.

周梦维，王世杰，李阳兵. 2007. 喀斯特石漠化小流域景观的空间因子分析——以贵州清镇王家寨小流域为例. 地理研究，26（5）：897-905.

朱红根，翁贞林，陈昭玖. 2010. 农户稻作经营代际传递意愿及其影响因素实证分析——基于江西619个种粮大户调查数据. 中国农村经济，(2)：22-32.

朱农. 2005. 贫困、不平等和农村非农产业的发展. 经济学（季刊），5（1）：167-188.

Abate G T, Rashid S, Borzaga C, et al. 2016. Rural finance and agricultural technology adoption in Ethiopia: does the institutional design of lending organizations matter? World Development, 84（8）：235-253.

Barnum H N, Squire L. 1979. A Model of an Agricultural Household: Theory and Evidence. Baltimore: Johns Hopkins University Press.

Battese G E, Broca S S. 1997. Functional forms of stochastic frontier production functions and models for technical inefficiency effects: a comparative study for wheat farmers in Pakistan. Journal of Productivity Analysis, 8（4）：395-414.

Bentley J W. 1987. Economic and ecological approaches to land fragmentation: in defense of a much-maligned phenomenon. Annual Reviews of Anthropology, 16：31-67.

Berry R A, Cline W R. 1979. Agrarian Structure and Productivity in Developing Countries. Baltimore: Johns Hopkins University Press.

Cook R D, Weisberg S. 1994. An Introduction to Regression Graphics. New York: John Wiley & Sons, Inc..

Cragg J G. 1971. Some statistical models for limited dependent variables with application to the demand for durable goods. Econometrica, 39（5）：829-844.

Ellis F. 1993. Peasant Economics: Farm Households and Agrarian Development. 2nd ed. Cambridge: Cambridge University Press.

Falco S D, Penov I, Aleksiev A, et al. 2010. Agrobiodiversity, farm profits and land fragmentation: evidence from Bulgaria. Land Use Policy, 27（3）：763-771.

Ford D C, Williams P W. 1989. Karst Geomorphology and Hydrology. Cambridge: Cambridge University Press.

Hagerstrand T. 1967. Innovation Diffusion as a Spatial Process. Chicago: University of Chicago Press.

Hicks J R. 1963. The Theory of Wages. London: Macmillan.

Huber P J. 1967. The behavior of maximum likelihood estimates under nonstandard conditions.

Proceedings of the Fifth Berkeley Symposium on Mathematical Statistics and Probability. Berkeley: University of California Press.

Khanna M. 2001. Sequential adoption of site-specific technologies and its implications for nitrogen productivity: a double selectivity model. American Journal of Agricultural Economics, 83 (1): 35-51.

Mosher A T. 1978. An Introduction to Agricultural Extension. Singapore: Singapore University Press for the Agricultural Development Council.

Rogers E M. 2003. Diffusion of Innovations. 5th ed. New York: Free Press.

Saha A, Love H A, Schwart R. 1994. Adoption of emerging technologies under output uncertainty. American Journal of Agricultural Economics, 76 (4): 836-846.

Sherlund S M, Barrett C B, Adesina A A. 2002. Smallholder technical efficiency controlling for environmental production conditions. Journal of Development Economics, 69 (1): 85-101.

Stryker J D. 1976. Population density, agricultural technique, and land utilization in a village economy. The American Economic Review, 66 (3): 347-358.

Tobler W R. 1970. A computer movie simulating urban growth in the Detroit region. Economic Geography, 46 (2): 234-240.

von Pischke J D, Adams D W. 1980. Fungibility and the design and evaluation of agricultural credit projects. American Journal of Agricultural Economics, 62 (4): 719-726.

Wadud A, White B. 2000. Farm household efficiency in Bangladesh: a comparison of stochastic frontier and DEA methods. Applied Economics, 32 (13): 1665-1673.

White H. 1980. A heteroskedasticity-consistent covariance matrix estimator and a direct test for heteroskedasticity. Econometrica, 48 (4): 817-838.

Yuan D X. 1983. Problem of environmental protection of karst area. Proceedings of the 149th Annual Meeting of the American Association for the Advancement of Sciences(AAAS), Detroit (USA).

Yuan D X. 1997. Rock desertification in the subtropical Karst of south China. Zeitschrift fur Geomorphologic, 108: 81-90.

Yuan D X, Zhu D H, Weng J T, et al. 1991. Karst of China. Beijing: Geological Publishing House.

附录1：问卷调查表

姓名：_____   电话：_____   村：_____
组：_____   身份证号码：_____

（说明：1.调查数据不会向外扩散，绝对保密；2.一般只选一项，标注可多选的除外；3.可以直接在答案上画圈；4.如果回答是其他，最好是再具体填上，一户人家只填一份即可。）

1.户主年龄_____岁。性别：_____。①男　②女
2.家庭人口_____人。家里几人外出打工？_____人。
3.户主学历：_____。
①小学以下　②小学　③初中　④高中　⑤大专及以上
4.家庭成员最高学历是_____。
①小学以下　②小学　③初中　④高中　⑤大专及以上
5.你家里人有没有当村干部的？_____。
①有　②没有
6.你家是_____。（可以多选）
①种粮专业户　②养殖专业户　③种金银花专业户　④做生意
⑤种地只是够自家吃，花钱主要靠打工　⑥吃喝都是靠买，不种田地也不养猪
7.你家里人都在哪里打工？_____。（可以多选）
①重庆本市　②重庆市外
8.去年全家打工总收入有多少？_____。
①3 000元及以内　②3 001~5 000元　③5 001~10 000元　④10 000元以上
9.去年全家种田和养猪的收成折合多少钱？_____。
①3 000元及以内　②3 001~5 000元　③5 001~10 000元　④10 000元以上

10.去年你家种金银花除去本钱一共纯赚了多少钱？_____。
①5 000元及以内　②5 001~8 000元　③8 001~10 000元　④10 000元以上
11.你家种了金银花以后比以前种粮食一年多赚多少钱？_____。
①3 000元及以内　②3 001~5 000元　③5 001~8 000元　④8 000元以上
12.你家坡耕地共有_____亩，分为不相邻的几块？_____块。
平坝田共有_____亩，分为不相邻的几块？_____块。
13.你家坡耕地里都种的什么？_____。（可多选）
①玉米　②红薯　③稻米　④蔬菜　⑤花椒　⑥果树　⑦金银花　⑧其他____
14.你家平坝田里都种的什么？_____。（可多选）
①玉米　②红薯　③稻米　④蔬菜　⑤花椒　⑥果树　⑦金银花　⑧其他____
15.你家地里石头多吗？_____。
①几乎都是石头　②比较多石头　③比较少石头　④几乎没有石头
16.你家撂荒了几亩地？_____亩。
17.你或你家里人是否接受过农业技术培训？_____。
①有　②没有
18.你或家里人是否有人做过生意？_____。
①有　②没有
19.你家有没有贷款的打算？_____。
①有过　②从来没有想过　③想也白想，贷不上　④不敢贷，怕还不上
20.如果钱不够用时，你是_____。
①找信用社贷款　②找亲戚借　③找朋友借　④卖家里值钱的东西
21.你家贷过款吗？_____。
①贷过　②从没有贷过
22.你家种地是用化肥还是农家肥？_____。
①主要用化肥　②主要用农家肥　③各一半　④什么都不用
23.你家的田地农活主要由谁来干？_____。
①男主人　②女主人　③老人种　④给外人种　⑤全家一起种
24.你家领取过哪种补贴？_____。（可多选）
①退耕还林补贴　②石漠化治理补贴　③良种补贴　④困难补助　⑤其他补助
25.你听说过石漠化吗？_____。
①有　②没有
26.你家地里的农活雇人干过吗？_____。
①雇过　②没有雇过
27.你是否愿意种植金银花？_____。
①愿意　②不愿意

28.你家在坡耕地种了几亩金银花?_____亩。坡耕地每亩能收多少斤[①]?_____。

29.在家在平坝田种了几亩金银花?_____亩。平坝田每亩能收多少斤?_____。

30.如果你已经种了金银花是因为_____。
①比种粮食省工省力　②比种粮食赚钱
③种了就能拿到补贴　④看见别人在种自家就种

31.当你想种金银花,但是自家土地又不够时怎么办?_____。
①租别人土地自己种金银花　②把地租给别人种金银花
③每家出一块地合伙种金银花　④自家有多少地就种多少

32.如果你家租了别人的地种金银花,一亩地要付给别人多少钱?_____元。

33.在金银花种植园打工一年能挣多少钱?_____元。

34.如果种金银花,你最想在哪块地种?_____。
①在坡耕地上种　②在平坝田上种　③在自家房前屋后种　④其他____

35.如果种金银花,你最担心的事情是什么?_____。
①不懂技术　②没有资金　③没有销路　④没有劳力　⑤其他____

36.如果你家没有种金银花,是因为_____。
①没钱种金银花　②不知道怎么种　③怕卖不出去
④没人手采摘金银花　⑤没看见别人种

37.是什么原因让你打算种植金银花的?_____。
①有政府大力支持　②有干部带头种　③有技术员上门服务　④有亲戚种
⑤有人包销,不愁卖　⑥有专人统一管理不用自己费心　⑦看见村里有人种

38.你家距离金银花示范基地有多远?_____。
①3 000米及以内　②3 001~5 000米　③5 001~10 000米　④10 000米以外
⑤不知道

39.你最关心金银花哪方面的事情?_____。
①金银花的种植技术　②金银花的晾晒方法　③金银花的保存技术
④金银花的优良种苗　⑤金银花的销路问题　⑥资金问题
⑦劳力问题　⑧其他____

40.你最想要以下哪个品种?_____。
①玉米新品种　②金银花　③生态林　④其他

41.你最想要以下哪个品种的树?_____。
①金银花　②花椒　③果树　④其他____

[①] 1斤=0.5千克。

附录2：重庆市巫山县石漠化与福田镇金银花生态示范基地图片

附录 2：重庆市巫山县石漠化与福田镇金银花生态示范基地图片